シェフに教えてもらった
シンプルですてきな
おもてなしフレンチ

Otowa Restaurant
音羽和紀

柴田書店

シンプルですてきなおもてなしフレンチ

人を招くウェルカムの思いが表現された料理、それがレストラン料理とも普段の家庭料理とも違う、おもてなし料理だと思っています。本書では、できるだけシンプルな調理法で、おもてなしの気持ちが伝わる料理を作りました。

料理とともに大切なのが盛り付けです。大皿料理であっても小さな一品料理であっても、器と料理とのバランス、色のバランスなどが、とても重要です。本書でも意識して心がけていますので、参考にしてみてください。

料理はスタートの一品からオードヴル、サラダ、メイン料理、付け合わせ。そして冷たい料理、温かい料理。事前に作っておけるもの、その場でさっと仕上げるもの。特別な日にトライしてみたい手の込んだ料理やダイナミックな料理、デザートまで幅広くご紹介しています。季節や地場の食材を加えて、ご自分でアレンジするのもいいでしょう。自由に料理を組み合わせて、とっておきのおもてなしメニューを組み立ててみてください。

キッチンの一角やリビングなど手近なところにこの本を置いて、楽しいおもてなしの計画を立てる際に、お役立ていただければ幸いです。

音羽和紀

チーズとワインでおもてなし
チーズ好き、ワイン好きの集まりには、こんなシンプルなテーブルがうれしい。
ワインも数種類用意して、チーズとのマリアージュを楽しみます。
チーズプラトー　ミモレット（18カ月）、パルミジャーノ・レッジャーノ、フルムダンベール、カマンベール・ドゥ・ノルマンディ、オリーブ、ドライフルーツ（イチジク、プルーン、クランベリー、レーズン）、ナッツ、パン・ド・カンパーニュ、パン・オ・ノワ

Contents

はじめに 3

オードヴルとサラダ

カナッペ
カッテージチーズのカナッペ 8
なすとアンチョビのカナッペ 9
たこのカナッペ 10
いかのカナッペ 10
カマンベールのカナッペ 11
ブルーチーズと姫きゅうり 11

焼きミートボール
焼きミートボール
　とうもろこし、ハム、チーズ入り 12
焼きミートボール
　なす、チーズ、オリーブ入り 12
焼きミートボール
　さつまいもと黒ごま入り 12
焼きミートボール
　サーモンとカリフラワー入り 12

ピンチョス
ピンチョス 鶏もも肉のグリル 14
ピンチョス びんちょうまぐろ 14
ピンチョス いわしのロール 15
ピンチョス 牛肉のじゃがいもロール 15

ロールパイ
牛肉のロールパイ 16
たらのロールパイ 16
たこのロールパイ 16
いかのロールパイ 16

スティックパイ
バルサミコ風味のパイ 18
トマト風味のパイ 18
照り焼き風味のパイ 18
白味噌風味のパイ 18

オープンパイ
なすとズッキーニのパイ 20
パプリカのパイ 20

魚介のオードヴル
帆立のタルタル 22
牡蠣のオイル焼きと大根サラダ 23
スモークサーモンとハーブサラダ 24
かんぱちのカルパッチョ グリーンサルサ 25

ごちそうオードヴル
パテ・ド・カンパーニュ 26
湯波入り魚介のテリーヌ 28
ローストビーフ ゆで卵とコルニッションの
　ソース添え 30
フォアグラのフラン 31

取り分けサラダ
パイナップルとじゃがいものマヨネーズ和え 32
トマトとモッツァレラ・チーズのサラダ 33
グリーン野菜とブルーチーズのサラダ 34
アンディーブとシェーブルチーズのサラダ 35
サラダ菜とブルーチーズのサラダ 36
ローストビーフとルッコラのサラダ 37
アボカドとえびとブロッコリーのサラダ
　マスカルポーネマヨネーズ 38
きゅうりといなだとかぶのサラダ 39
にんじんローストのサラダ 40
焼き野菜のサラダ 41
りんごとセロリとじゃがいもの小さなオードヴル
　サラダ 42
カマンベールとりんごのサラダ 42

メインの料理

フライパン料理
鶏胸肉のポワレ　44
鶏胸肉のポワレ　きのこクリームソース　46
牛肩ロース肉のロースト　47
牛赤身肉のロースト　48
豚ロース肉のロースト　50
ラムチョップのソテー（照り焼き風味）　52
サーモンのムニエル　焦がしバターソース　54

グリル料理
赤えびのグリル　トマトのサルサ　56
鶏もも肉のグリル　ブルーチーズソース　58

ポシェ料理
オマールのサラダ　オレンジマヨネーズ　60
牛肉のポシェ　香味野菜とレフォールソース　62

煮込み料理
鶏もも肉のオニオン煮込み　64
鶏もも肉のトマト煮　66
鶏手羽元と野菜とパスタのスープ煮　68
塩豚のポトフ　69

オーブン料理
鶏胸肉のロースト　赤ワイン風味　70
キャベツと豚挽き肉の重ね焼き　72
白菜と豚肉のミートローフ　74
なすとトマトといわしのグラタン　76
びんちょうまぐろのロースト　78
鯛とあさりのブイヨン煮　80
金目鯛のブレゼ　82
キャベツとたらの白ワイン蒸し　83
サーモンのほうれん草クリーム　84
やしおますの燻製のオ・フー
　　長ねぎのヴィネグレット　86

野菜のオムレツ　87
いろいろきのこのオムレツ　88
かぼちゃのオムレツ　89
さつまいもとじゃがいものグラタン
　　ドフィノワ風　90

オードヴル＋メイン料理にプラスするもの

取り分けスープ
マッシュルームのスープ　カプチーノ仕立て　92
丸ごとかぼちゃのポタージュ　カレー風味　93
えびの具だくさんスープ　94

パーティーご飯
インスタント・パエリア　96
インスタント・パエリア　きのこ風味　98

パン
パン・オ・レ（ミルク風味のパン）　99

付け合わせにも使える便利な野菜料理・豆料理
ごろごろ野菜のブールフォンデュ　100
ミックスビーンズと粗挽きソーセージの
　　軽い煮込み　101

ミニドリンク
トマトジュースのバリエーション　102
セロリドリンク　103
いちごドリンク　103

ミニスープ
かぼちゃのポタージュ　カレー風味　104
コンソメのバリエーション　105
ヴィシソワーズのバリエーション　106

小さなおつまみ

ミニパイ（パルミジャーノ・チーズ、ごま、
　黒オリーブ風味）　107
グリッシーニ　109
かぼちゃのムース　109

デザート

フルーツのポワレ　110
さくらんぼの赤ワイン煮 オレンジ風味　112
洋梨とぶどうのポワレ　113

おもてなしのテーブル　立食のおもてなし

パプリカのマリネ　115
ライムとレモンのアペリティフ　116
ブルーチーズのカナッペ　116
フロマージュブランのカナッペ　116
貝類のマリネ　118
鴨の燻製と大根サラダ　119
きのこのキッシュ　120
ラムのロースト　121
赤い果実のクラフティ　122
パンナコッタ パイナップルソース　123

おもてなしのテーブル　着席のおもてなし

帆立のスフレ キャビア添え ベルモットソース
　125
ブロッコリーとカリフラワーのチーズクリーム
　風味　126
リ・オ・レ　126
鶏胸肉のポワレ 玉ねぎのカラメリゼ　127
牛肉のロースト（ローストビーフ）　128
びっくりショコラ　130

・本書のレシピの小さじ1は5ccです。
・E.V.オリーブ油は、エクストラ・ヴァージン・オリーブ油の略です。
・レシピ中の材料の分量や火入れの温度、時間などはあくまでも目安です。素材の状態、使う調味料、調理器具などによって多少変わってきますので、調整してください。

撮影　日置武晴
デザイン　中村善郎 yen
編集　長澤麻美

オードヴルとサラダ

ワインに添えて、気軽なおもてなしに。あるいは立食パーティーのテーブルにいろいろ並べて賑やかに。自由に組み合わせてお使いください。

カナッペ

小さく切ったパンやクラッカーなどに、さまざまな具をのせたカナッペは、使い勝手のいいおつまみです。バリエーションは無限。いろいろな素材で試してみてください。色や形にも変化をつけて組み合わせれば、これだけでも華やかなテーブルができ上がります。

カッテージチーズのカナッペ
好みで、ディルなどのハーブを散らしてもいいでしょう。

材料（3個分）
カッテージチーズ（自家製＊）　90g
玉ネギ（みじん切り）　10g
キュウリ（3〜4mm角切り）　10g
パプリカ（黄。3〜4mm角切り）　8g
ニンニク（みじん切り）　少量
スタッフドオリーブ（粗みじん切り）　2個分
E.V.オリーブ油、塩、レモン果汁　各少量
パン（1〜1.5cm厚さに切った好みのもの。写真はパン・オ・レ使用）　3切れ

＊カッテージチーズ：牛乳500ccを鍋で軽く温めて火から下ろし、酢を大さじ2杯加えてかき混ぜる。分離してきたらクッキングペーパーなどで水切りする。

1　玉ネギ、キュウリ、パプリカをボウルに合わせて軽く塩をする。ニンニク、スタッフドオリーブを加えてよく混ぜ合わせる。
2　カッテージチーズにレモン果汁と塩を加えて味を調える。
3　パンに**2**を塗り広げ、**1**をのせ、E.V.オリーブ油を少量かける。

なすとアンチョビのカナッペ

ナスの代わりにパプリカを使ってもけっこうです。

材料（3個分）
ナス　1本
ベーコン　30g
アンチョビフィレ（細切り）　2枚分
黒オリーブ（縦半分に切る）　1/2個×3
パン（1～1.5cm厚さに切った好みのもの。写真は
　　パン・オ・レ使用）　3切れ
塩　少量
オリーブ油　適量
揚げ油　適量

1　ナスは素揚げして皮をむき、粗めのみじん切りにする。
2　鍋にオリーブ油を熱して1のナスを入れ、水分を飛ばすように炒めてペースト状にし、軽く塩をする。
3　ベーコンは5mm厚さに切り、フライパンでこんがりと焼く。
4　パンを軽くトーストし、2のナスのペーストをきっちり塗り広げる。3のベーコン、少量のアンチョビ、黒オリーブをのせる。

たこのカナッペ

イカを使っても同様に作れます。

材料（3個分）
タコ（ゆでダコ）　3切れ
A
├ 玉ネギ（みじん切り）　10g
├ キュウリ（みじん切り）　15g
├ パプリカ（赤。みじん切り）　10g
├ ケッパー　10粒ほど
├ マヨネーズ　大さじ1
└ パプリカパウダー　少量
塩、コショウ　各適量
パン（1〜1.5cm厚さに切った好みのもの。
　　写真はパン・オ・レ使用）　3切れ

1　Aを混ぜ合わせて塩、コショウをする。
2　タコを一口大に切って軽く塩をふり、サラマンダー（上火オーブン）でさっと焼く。
3　パンに1を塗り広げて2をのせ、パプリカパウダー（分量外）をふる。

いかのカナッペ

イカの代わりにタコや鯖、サンマ、イワシを使ってもけっこうです。

材料（3個分）
パプリカ（赤。みじん切り）　1/2個分
パプリカ（黄。みじん切り）　1/4個分
ニンニク（みじん切り）　少量
トマトピューレ　少量
生ハム（みじん切り）　少量
黒オリーブ（みじん切り）　少量
イカ（刺身用）　適量
オリーブ油、塩、コショウ　各適量
パン（1〜1.5cm厚さに切った好みのもの。写真はパン・オ・レ使用）　3切れ
イタリアンパセリ　少量

1　鍋にオリーブ油を熱し、パプリカとニンニクを入れて炒め合わせ、トマトピューレをからむ程度加えて水分を飛ばすように炒める。生ハムと黒オリーブを加えてさっと合わせる。
2　イカは5mm幅に切り、塩、コショウをしてオリーブ油で和えておく。
3　パンを軽くトーストし、1を塗り広げて2のイカをのせる。
4　3にオリーブ油を少量かけてサラマンダー（上火オーブン）でさっと焼く。イタリアンパセリをのせる。

カマンベールのカナッペ

リンゴとカマンベールは定番の組み合わせ。パンやハーブはお好みのもので。

材料
カマンベール・チーズ　適量
リンゴ　適量
パン・オ・ノワ（クルミ入りパン）　適量
無塩バター（室温に戻しておく）　適量
塩　少量
レーズン　適量
クレソン　適量

1　パンを1cm厚さに切り、片面にバターを薄く塗る。
2　リンゴは皮付きのまま5mm厚さに切り、薄い塩水に浸して変色を防ぐ。カマンベール・チーズは好みの厚さに切る。
3　1のパンに、水気を取った2のリンゴ、カマンベールの順にのせ、レーズンとクレソンをのせる。

ブルーチーズと姫きゅうり

ブルーチーズとキュウリは相性のよい組み合わせです。姫キュウリの形を生かして楽しいおつまみに。

材料（4人分）
ブルーチーズ（ゴルゴンゾーラ）　80g
玉ネギ（みじん切り）　約20g
＊辛みが気になるときは水にさらす。
塩、コショウ、レモン果汁　各適量
ディル　適量
姫キュウリ　2本
黒オリーブ　4個

1　姫キュウリを縦半分に切る。
2　ゴルゴンゾーラと玉ネギをよく混ぜ合わせ、塩、コショウ、レモン果汁で味を調える。1の断面にきっちりと塗りつけ、ディルをのせる。
3　器に盛り、黒オリーブを添える。

＊　姫キュウリは普通のキュウリの半分ほどの長さのミニキュウリ。皮が薄く甘みが強い。

とうもろこし、
ハム、チーズ入り

なす、チーズ、
オリーブ入り

さつまいもと
黒ごま入り

サーモンと
カリフラワー入り

焼きミートボール

手軽な挽き肉を使って作れる、食べ応えのあるおつまみです。タネと具の組み合わせにより、さまざまなバリエーションが作れます。チーズを加えるなど、お好みのアレンジをしてみてください。

ミートボールのタネ

材料（作りやすい量）
豚挽き肉（または鶏挽き肉。少し粗挽きのものがよい）　300g
玉ネギ（みじん切り）　80g
卵　1個
生クリーム　20cc
塩　2g
黒コショウ　少量
サラダ油　適量

1. 鍋にサラダ油を熱して玉ネギを入れ、焦がさないように炒める。冷ましておく。
2. ボウルに挽き肉、卵、生クリームを合わせて練り、塩、黒コショウをする。
3. **2**に**1**の玉ネギを加えて更に練り合わせる。

焼きミートボール
とうもろこし、ハム、チーズ入り

材料（2個分）
ミートボールのタネ（上記参照）　55g
トウモロコシ（蒸して包丁で切り落とした実）　10g
ハム（みじん切り）　6g
パルミジャーノ・レッジャーノ・チーズ（すりおろし）　適量

1. ミートボールのタネに、ハム、パルミジャーノ・チーズを混ぜ合わせる。
2. **1**を2等分にしてラグビーボール形にまとめ、表面にトウモロコシをのせ、160℃のオーブンで約10分焼く。
3. オーブンから取り出し、少しおいて落ち着かせてから串を刺す。

焼きミートボール
なす、チーズ、オリーブ入り

材料（2個分）
ミートボールのタネ（上記参照）　55g
ナス（軽く油で揚げて、小角切りにしたもの）　35g
パルミジャーノ・レッジャーノ・チーズ（すりおろし）　5g
緑オリーブ（みじん切り）　1個分

1. ミートボールのタネに、揚げたナス、パルミジャーノ・チーズ、緑オリーブを混ぜ合わせる。
2. **1**を2等分にしてラグビーボール形にまとめ、160℃のオーブンで約10分焼く。
3. オーブンから取り出し、少しおいて落ち着かせてから串を刺す。

焼きミートボール
さつまいもと黒ごま入り

材料（2個分）
ミートボールのタネ（左記参照）　55g
サツマイモ（蒸して皮をむき、小角切りにしたもの）　25g
黒ゴマ　適量

1. ミートボールのタネに、サツマイモを混ぜ合わせる。
2. **1**を2等分にしてラグビーボール形にまとめ、黒ゴマを表面にまぶし、160℃のオーブンで約10分焼く。
3. オーブンから取り出し、少しおいて落ち着かせてから串を刺す。

焼きミートボール
サーモンとカリフラワー入り

材料（2個分）
ミートボールのタネ（左記参照）　55g
スモークサーモン（5mm角切り）　15g
カリフラワー（花蕾部分を小さくほぐす）　10g
レモン果汁　少量

1. ミートボールのタネに、スモークサーモンとカリフラワーを混ぜ合わせてレモン果汁を少量加える。
2. **1**を2等分にしてラグビーボール形にまとめ、160℃のオーブンで約10分焼く。
3. オーブンから取り出し、少しおいて落ち着かせてから串を刺す。

ピンチョス

ピンチョスは、スペイン風フィンガーフードのこと。日本でも、串に刺したおつまみの呼び名として浸透しています。素朴な形が気取らないおもてなし向き。

ピンチョス 鶏もも肉のグリル

材料（2個分）
鶏モモ肉　30g×2個
玉ネギ　1/6のくし形切り×2個
ジャガイモ（小。インカのめざめなど）　2個
塩、黒コショウ　各適量

1　鶏モモ肉は塩をして、グリルで皮目から焼く。火が入ったら黒コショウをふる。
2　玉ネギもグリルで焼く。ジャガイモは洗って皮付きのまま蒸す。
3　鶏肉、玉ネギ、ジャガイモを順に串に刺す。

ピンチョス びんちょうまぐろ

材料（2個分）
ビンチョウマグロ　30g×2個
ジャガイモ（小。インカのめざめなど）　2個
コルニッション　2個
塩、コショウ、オリーブ油　各適量

1　ビンチョウマグロに塩、コショウをしてオリーブ油をまぶし、100℃のオーブンで10分ほど焼く。
2　ジャガイモは蒸して皮をむく。
3　1、コルニッション、2を順に串に刺す。

ピンチョス いわしのロール

材料（2個分）
イワシ（三枚におろし、中骨を取ったもの）　2枚
玉ネギ（薄切り）　少量
パプリカ（赤）　1/10切れ×2個
ジャガイモ（小。インカのめざめなど）　2個
塩、オリーブ油　各適量

1　イワシに塩をして、玉ネギをのせて巻き、楊枝でとめる。オリーブ油をまわしかけて160℃のオーブンで5分ほど焼く。
2　パプリカはグリルで焼く。ジャガイモは蒸して皮をむく。
3　楊枝を抜いた1と2を順に串に刺す。

ピンチョス　牛肉のじゃがいもロール

材料（2個分）
ジャガイモ（蒸して皮をむき、フォークの背などでつぶす）　60g
長ネギ（グリルで焼き、粗みじん切りにする）　5g
牛肉（しゃぶしゃぶ用）　18g程度×2枚
ソース（醤油とみりんを同量ずつ鍋に合わせ、火にかけて半量ほどに煮詰め、唐辛子を加えたもの）　適量

1　ボウルにジャガイモと長ネギを入れて混ぜ合わせる。
2　牛肉を広げ、1をのせて巻く。
3　2を200℃のオーブンで4〜5分焼く。途中でソースを刷毛で塗り、焼き目をつける。オーブンから取り出し、少しおいて落ち着かせてから串を刺す。

牛肉のロールパイ

材料
折り込みパイ生地(p.108参照。または市販の冷凍パイシート。厚さ1.5mm) 適量
溶き卵(全卵) 少量
牛肉(しゃぶしゃぶ用) 適量
ソース(醤油とみりんを同量ずつ鍋に合わせ、火にかけて半量ほどに煮詰めたもの) 適量

1　パイ生地は、適当な大きさの正三角形に切る。
2　天板にパイ生地を逆三角形の向きに並べ、刷毛で溶き卵を塗る。牛肉をパイ生地よりひとまわり小さく切ってのせ、牛肉の上に刷毛でソースを塗って巻く。
3　200℃のオーブンで10分ほど焼く。

たらのロールパイ

材料
折り込みパイ生地(p.108参照。または市販の冷凍パイシート。厚さ1.5mm) 適量
溶き卵(全卵) 少量
タラのクリーム煮(作りやすい量)
├甘塩ダラ(皮を取り、1cm角に切る) 40g
├玉ネギ(みじん切り) 10g
├白ワイン 少量
├生クリーム 適量
└オリーブ油 適量(多め)

1　タラのクリーム煮を作る。鍋に多めのオリーブ油をひき、玉ネギを入れて焦がさないように炒める。タラを加えて更に炒め、白ワインを少量加える。生クリームを全体が浸る程度入れて煮詰める。
2　パイ生地は、適当な大きさの正三角形に切る。
3　天板にパイ生地を逆三角形の向きに並べ、刷毛で溶き卵を塗る。1をのせて巻く(写真a〜c)。
4　200℃のオーブンで15分ほど焼き、160℃に下げて中に火が通るまで更に焼く。

a

b

c

たこのロールパイ

材料
折り込みパイ生地(p.108参照。または市販の冷凍パイシート。厚さ1.5mm) 適量
溶き卵(全卵) 少量
A
├タコ 少量(1個あたり9g程度)
├パプリカ(赤) 少量
├ドライトマト 少量
└玉ネギ 少量
塩、コショウ、E.V.オリーブ油 各少量

1　Aのタコは小さく切り、他はすべてみじん切りにして合わせ、塩、コショウ、E.V.オリーブ油で味を調える。
2　パイ生地は、適当な大きさの正三角形に切る。
3　天板にパイ生地を逆三角形の向きに並べ、刷毛で溶き卵を塗る。1をのせて巻く。
4　200℃のオーブンで15分ほど焼き、160℃に下げて中に火が通るまで更に焼く。

いかのロールパイ

材料
折り込みパイ生地(p.108参照。または市販の冷凍パイシート。厚さ1.5mm) 適量
溶き卵(全卵) 少量
イカ(刺身用。小さく切る) 少量(1個につき10g程度)
玉ネギ(みじん切り) 少量
緑オリーブ(みじん切り) 少量
塩 少量

1　イカ、玉ネギ、緑オリーブを合わせて塩で味を調える。
2　パイ生地は、適当な大きさの正三角形に切る。
3　天板にパイ生地を逆三角形の向きに並べ、刷毛で溶き卵を塗る。1を少量のせて巻く。
4　200℃のオーブンで15分ほど焼き、160℃に下げて中に火が通るまで更に焼く。

＊　温度や焼き時間は使用するオーブンにより変わるので、ようすを見ながら調整する。

牛肉のロールパイ

たらのロールパイ

たこのロールパイ

いかのロールパイ

ロールパイ

パイ生地で、いろいろな具を巻いて作る一口サイズのパイです。具はここでご紹介するものに限らず、いろいろなもので試してみてください。

スティックパイ

パイ生地をスティック状にカットして、トッピングで変化をつけて並べても楽しいでしょう。焼くときは、パイ生地が立ち上がった後温度を下げ、中までしっかり火を通すと冷めてからもしぼみにくくなります。

バルサミコ風味のパイ

材料
折り込みパイ生地(p.108参照。
　　または市販の冷凍パイシート)　適量
バルサミコソース(作りやすい量)
├ バルサミコ酢　20cc
├ E.V.オリーブ油　少量
└ 塩　適量
パルミジャーノ・レッジャーノ・チーズ(すりおろし)
　少量
生ハム　少量

1 　バルサミコソースを作る。鍋にバルサミコ酢を入れて半量になるまで煮詰める。オリーブ油を加えて塩で味を調える。
2 　パイ生地を1.5mm厚さにのばし、スティック状にカットして(1個あたり5～6gが目安だが、好みの大きさでよい)、天板に並べる。表面に**1**を刷毛でむらなく塗り、パルミジャーノ・チーズを散らす。200℃のオーブンで5分ほど焼き、生地が立ち上がってきたらアルミホイルをかぶせて火が通るまで焼く(オーブンの温度、焼き時間は目安。以下すべて同じ)。
3 　**2**を皿に並べ、生ハムをのせる。

トマト風味のパイ

材料
折り込みパイ生地(p.108参照。
　　または市販の冷凍パイシート)　適量
トマトソース(p.67参照)　適量
パプリカ(赤)　少量
緑オリーブ(みじん切り)　好みの量
塩　少量

1 　パプリカは、みじん切りにして軽く塩をし、200℃のオーブンで4分ほど焼いておく。
2 　パイ生地を1.5mm厚さにのばし、スティック状にカットして(1個あたり5～6gが目安だが、好みの大きさでよい)天板に並べる。表面にトマトソースをたっぷり塗り、緑オリーブと**1**のパプリカを散らす。
3 　200℃のオーブンで10分ほど焼き、150℃に下げて更に5分焼く。

照り焼き風味のパイ

材料
折り込みパイ生地(p.108参照。
　　または市販の冷凍パイシート)　適量
照り焼き風味のソース(作りやすい量)
├ 醤油　20cc
├ みりん　20cc
├ 生姜(スライス)　1枚
└ サラダ油　少量
無塩バター　適量
一味唐辛子　少量

1 　照り焼き風味のソースを作る。鍋に醤油、みりん、生姜を合わせて1/2量まで煮詰める。サラダ油を少量加える。
2 　パイ生地を1.5mm厚さにのばし、スティック状にカットして(1個あたり5～6gが目安だが、好みの大きさでよい)、天板に並べる。表面に**1**を刷毛でむらなく塗り、200℃のオーブンで6分ほど焼き、160℃に下げて3分焼く。途中で生地が立ち上がってきたらアルミホイルをかぶせる。
3 　**2**の表面にバターを塗り、一味唐辛子をふる。

白味噌風味のパイ

材料
折り込みパイ生地(p.108参照。
　　または市販の冷凍パイシート)　適量
白味噌ソース(作りやすい量)
├ 白味噌　10g
├ みりん　20cc
└ 塩　少量
アーモンドスライス　適量

1 　白味噌ソースを作る。白味噌、みりんを混ぜ合わせて溶き、塩で味を調える。
2 　パイ生地を1.5mm厚さにのばし、スティック状にカットして(1個あたり5～6gが目安だが、好みの大きさでよい)天板に並べる。表面に**1**をむらなく塗り、アーモンドをなるべく隙間がないようにのせる。
3 　**2**を200℃のオーブンで6分ほど焼き、160℃に下げて4分焼く。最後に再び200℃に上げて1分焼いて色づける。

オープンパイ

パイ生地の上に具材を広げて焼くだけの、簡単おつまみパイ。具はいろいろアレンジしてみてください。焼きたてが一番おいしいので、タイミングを見て焼きはじめるといいでしょう。

なすとズッキーニのパイ

材料（作りやすい量）
折り込みパイ生地（p.108参照。または市販の冷凍パイシート）　適量
ズッキーニ　180g
玉ネギ　40g
塩　少量
ナスのソテー（ナスの皮をむいて小角切りにし、サラダ油をひいたフライパンに入れ、塩をして水分をしっかり飛ばしながら炒めたもの）　80g
イタリアンパセリ（みじん切り）　少量
リコッタ・チーズ　50g

1. パイ生地を厚さ1.5mm、20cm×25cm角にのばし、残った生地を細長く切って、縁にのせる。全体にフォークで穴を開けておく。
2. ズッキーニと玉ネギを1cm角に切り、ボウルに合わせて少量の塩で和える（写真a）。
3. 1のパイ生地の上に、ナスのソテーを散らすように広げる。ナスの隙間に2の半量をのせ、イタリアンパセリを散らし、リコッタ・チーズを全体にのせる。隙間を埋めるように残りの2をのせる（写真b）。
4. 3を180℃のオーブンで20分ほど焼く（写真c）。
5. 食べやすい大きさに切り分ける。

パプリカのパイ

材料（作りやすい量）
折り込みパイ生地（p.108参照。または市販の冷凍パイシート）　適量
パプリカ（黄・オレンジ・赤＊）　計240g（色のバランスは好みで）
＊皮が気になる場合は、直火で、またはアルミホイルに包んでオーブンで焼くなどした後、皮を取ってもよい。
玉ネギ　20g
ニンニク（みじん切り）　少量
塩　少量
バジル（粗みじん切り）　適量
ドライトマトのオイル漬け（市販品。粗みじん切りにする）　40g
アンチョビフィレ（みじん切り）　2枚分
ケッパー　15粒ほど

1. パイ生地を厚さ1.5mm、20cm×25cm角にのばし、残った生地を細長く切って、縁にのせる。全体にフォークで穴を開けておく。
2. パプリカと玉ネギを1cm角に切り、ニンニクと少量の塩で和える（写真a）。
3. 1のパイ生地の上に2を広げ、バジルを散らす。更にドライトマトのオイル漬け、アンチョビ、ケッパーを散らす。
4. 3を180℃のオーブンで20分ほど焼く（写真b）。
5. 食べやすい大きさに切り分ける。

a

b

c

a

b

魚介のオードヴル

刺身用、あるいは燻製の魚介を使用して作ります。野菜や酸味などを上手に使い、見た目も味も、すっきりと仕立てるのがポイントです。

帆立のタルタル

セルクル型（筒状の型）を使うだけで、ぐっとおもてなし風の盛り付けに。
ホタテの他に鯛、ブリ、イナダ、生食用のエビなど、いろいろな魚介で同様に作れます。

材料（直径4cmのセルクル型4個分）
ホタテ貝柱　110g
キュウリ　16g
玉ネギ　16g
トマト　32g
パプリカ（黄）　16g
E.V.オリーブ油　8cc
ディル　適量
赤ワインビネガードレッシング（赤ワインビネガーとオリーブ油を1:1の割合で合わせて塩、コショウをする）　適量
塩、コショウ　各適量

1　キュウリは皮をむき、3mm角に切って軽く塩をする。玉ネギはみじん切りにし、水にさらして水気を切り、軽く塩をする。トマトは皮付きのまま（好みで皮はむいてもよい）3mm角に切り、ザルに上げて水気を切る。パプリカは3mm角に切り、軽く塩をする。
2　1をすべてボウルに合わせて軽く塩、コショウをし、E.V.オリーブ油を加えて和える。
3　ホタテ貝柱を5mm角に切り、軽く塩をして冷蔵庫で冷やす。
4　セルクル型に2を1/4量ずつ詰める（写真a）。その上に3のホタテを、1/4量ずつ詰める（写真b）。
5　4をセルクル型ごと皿にのせ、型をはずす。ディルの葉をのせて、赤ワインビネガードレッシングをかける。

牡蠣のオイル焼きと大根サラダ

牡蠣のおいしい季節に作りたい、オードヴルにぴったりな一皿。大根の代わりに、生のホウレン草で同様に作ったサラダを添えてもけっこうです。

材料（4人分）
牡蠣（むき身）　8個
塩、オリーブ油　各適量
大根、フレンチドレッシング（p.36参照）、カイワレ大根　各適量

1　大根は皮をむき、縦に切る（長さ7cm、幅2cm、厚さ2.5〜3mm）。軽く塩をして1〜2時間おいた後、水気をよく絞り、フレンチドレッシングで和える。
2　牡蠣の水気を取って塩をし、オリーブ油を熱したフライパンに入れて、膨れるまでさっと焼く。
3　皿に2の牡蠣、1の大根、カイワレ大根を盛り付けて、フレンチドレッシングをかける。

スモークサーモンとハーブサラダ

市販のスモークサーモンを使って作れる簡単サラダ。
スモークしていない、刺身用の生魚を使用してもけっこうです。

材料（作りやすい量）
スモークサーモン（市販品）　1枚10〜12g×16枚
玉ネギ（薄切り）　20g
塩　適量
ハーブサラダ（好みのもの。写真はデトロイト、
　チョコロッサ、セルフィーユ、ディル）　適量
レモンドレッシング（レモン果汁とE.V.オリーブ油を
　1:1の割合で合わせて塩、コショウをする）　適量

1　スモークサーモンを皿に並べる。
2　玉ネギに軽く塩をして1の上に散らす。ハーブサラダを適当な間隔で散らしてのせ、レモンドレッシングをかける。

かんぱちのカルパッチョ　グリーンサルサ

カンパチは夏がおいしい魚です。皿に広げてカルパッチョ仕立てにしてみました。
他の青魚や白身の魚、ホタテ貝などいろいろな魚介で作れます。

材料（作りやすい量）
カンパチ（サク）　200g
グリーンサルサ
- キュウリ（3mm角切り）　30g
- 玉ネギ（みじん切り）　10g
- 黒オリーブ（粗みじん切り）　5g
- ケッパー（粗みじん切り）　5g
- イタリアンパセリ（みじん切り）　少量
- 赤ワインビネガードレッシング（赤ワインビネガー
    とE.V.オリーブ油を1:1の割合で合わせて塩、
    コショウをする）　30cc

1　カンパチを削ぎ切りにする（食感を残すため、薄く切りすぎないほうがよい）。
2　冷蔵庫で冷やしておいた皿に、**1**を並べる。
3　グリーンサルサの材料を混ぜ合わせ、**2**の上に盛り付ける。

ごちそうオードヴル

少々時間のかかるものもありますが、ここぞというときに役立つ、ごちそう感のあるオードヴルです。クリスマスや年末・年始、記念日などのおもてなしにいかがでしょう。

パテ・ド・カンパーニュ

フランスではポピュラーなテリーヌです。
どこの地方でも食べられ、店により肉の挽きぐあいや味が異なります。
作ってすぐよりも、数日経ってからのほうが味がなじんでおいしいです。

材料（上部25cm×6cm、深さ5.5cmの
　テリーヌ型1本分）（写真a）

A
- 豚ショルダー肉　300g
- 豚モモ肉　100g
- 鶏レバー　150g
- 豚背脂（5mm角に切る）　50g
- ニンニク（みじん切り）　1粒分
- エシャロット（みじん切り）　25g
- オリーブ油　適量

B
- 全卵　1個
- 塩　8g
- コショウ　1.2g
- キャトルエピス　0.75g
- コーンスターチ　6g
- マデラ酒　15cc
- コニャック　10cc
- パセリ（みじん切り）　5g

1　エシャロットとニンニクは、少量のオリーブ油で色づけないように炒め、冷やしておく（写真b）。

2　Aの豚肉はミンチ機にかける前に、挽きやすいよう棒状に切っておく（写真c）。

3　鶏レバーは小角切りにする（またはフードプロセッサーでピューレにする。写真d）。

4　2の肉をミンチ機にかけてミンチにし（写真e）、ボウルに合わせる。

5　4に3のレバー、豚背脂、Bを加えてよく混ぜ合わせる（写真f g h）。

6　5を団子状にして、ラップフィルムを敷き込んだテリーヌ型に落とし入れ（写真i）、全体をならす。

7　蓋をして、160℃のオーブンで約45分湯煎焼きにする（写真j。芯温70℃になるように）。オーブンから取り出して冷まし、冷蔵庫で保存する。

8　提供するときに食べやすい厚さに切り、コルニッション（分量外）などを添える。

湯波入り魚介のテリーヌ

栃木の特産品、湯波を加えて作りました。魚介は鯛だけでもけっこうです。
作る前に、すべての材料と器具をよく冷やしておきましょう。
でき上がったものは、完全に冷やして翌日以降からおいしく食べられます。

材料（上部25cm×6cm、深さ5.5cmのテリーヌ型
　1本分）
鯛（身）　180g
ホタテ貝柱　110g
塩　適量
卵白　2個分
生クリーム　250cc
サーモン（7mm角に切り、塩で下味をつける）　120g
生平湯波（7mm角に切る）　30～40g

テリーヌソース
├マヨネーズ100g、ケチャップ30g、
└生クリーム30cc、タバスコ少量を混ぜ合わせる。

1　鯛、ホタテ貝柱は水気をよく取り、冷蔵庫で冷やしておく。
2　1をミキサーに合わせて撹拌する（写真a）。
3　2に塩、溶きほぐした卵白を加えて更に撹拌し、なめらかなすり身にする（写真b）。
4　3に少しずつ生クリームを加えながら撹拌する（写真c d）。
5　ボウルにサーモンと湯波を入れ、4を数回に分けて加えながら混ぜ合わせる（写真e）。味を確認し、塩で味を調える。
6　テリーヌ型にラップフィルムを敷き込む（写真f）。
7　5を絞り袋に入れて、空気が入らないようにテリーヌ型に絞って詰める（写真g h）。ラップフィルムで包み、型ごと台に打ち付けて中の空気を抜く（写真i）。アルミホイルで全体を包む（写真j）。
8　90℃のオーブンで60分ほど湯煎焼きする。竹串を刺してみて、生地がつかなければよい。火を止めてそのまま5分おいた後、芯温計で確認し、芯温70℃になっていれば完成。冷蔵庫で冷やしておく。
9　食べやすい厚さに切り、テリーヌソースを敷いた皿に盛り付ける。

ローストビーフ ゆで卵とコルニッションのソース添え

ローストビーフは塩、コショウ、マスタードだけでもおいしく食べられますが、
おつまみ的に使うなら、薄切りにしたものに自家製のソースを添えるのがおすすめ。
これだけで、市販のローストビーフに手作り感が加わります。温製、冷製どちらもおいしい。

材料
ローストビーフ（市販品。自分で作る場合はp.47参照）　適量
ゆで卵とコルニッションのソース（作りやすい量）
├ 玉ネギ（みじん切り）　20g
├ コルニッション（みじん切り）　16g
├ ケッパー　6g
├ ゆで卵（粗みじん切り）　1/2個分
├ マスタード　40g
├ 赤ワインビネガードレッシング（赤ワインビネガーとオリーブ油
│　　を1:1の割合で合わせて塩、コショウをする）　30cc
├ イタリアンパセリ（みじん切り）　適量
├ 塩、コショウ　各適量
└ ＊材料を混ぜ合わせ、塩、コショウで味を調える。

1　切り分けたローストビーフを皿に盛り、ゆで卵とコルニッションのソースを小皿に入れて添える。

フォアグラのフラン

ご家庭のおもてなしにフォアグラを使うなら、少量で贅沢なフォアグラ風味が味わえる、こんなフランがおすすめです。クリームも入るので、誰でも食べやすい味です。フォアグラは、カットして売られている冷凍品が使いやすいでしょう。

材料（6〜7人分）（写真a）
フォアグラ（冷凍を解凍したものでよい）　75g
生クリーム　60cc
牛乳　60cc
卵黄　1½個分
塩、コショウ　各適量

マデラソース
　マデラ酒を煮詰めてグラス・ド・ヴィアンド（市販品あり＊）を加え、塩、コショウで味を調える（好みで無塩バターを少量加えてもよい）。

＊グラス・ド・ヴィアンド：フォンドボーを凝縮させたもの。大型スーパーマーケットや通信販売で購入できる。

1　生クリームと牛乳を合わせ、ほんの少し温めておく。
2　フォアグラは、火の近くなどの温かい場所に置いておく。
3　**1**、**2**、卵黄をミキサーに合わせて撹拌する（写真b。またはフォアグラと卵黄と少量の**1**を先に少し撹拌してから、残りの材料を入れて撹拌する。このほうが分離しにくい）。
4　**3**をボウルに移し、塩、コショウで味を調える。
5　**4**を30ccずつ器に注ぎ（写真c）、ラップフィルムをかけて20分ほど蒸す（または85℃のコンベクションオーブンで20分ほど火を入れる）。
6　**5**にマデラソースをかける。

取り分けサラダ

大皿に盛って出し、食べたい方に好きなだけ取ってもらうスタイルのサラダ。そのまま食べたり他の料理に付け合わせたり。その自由さが、気軽なおもてなしにぴったりです。

パイナップルとじゃがいものマヨネーズ和え

ジャガイモとフルーツの組み合わせが、
ちょっとおもしろいポテトサラダ。

材料（5〜6人分）
ジャガイモ　約4個（ゆでてつぶした状態で320g）
A
├ マヨネーズ　80g
├ 玉ネギ（みじん切り）　5g
└ パイナップル（皮をむき2cm角程度に切る）　40g
鶏胸肉のソテー（＊）　1/4枚分程度（好みの量）
＊鶏胸肉に塩、コショウをし、皮目からキツネ色に焼いたもの。
セロリ（筋を取り、2cm長さに切って塩をする）　30g
ゆで卵（粗く刻む）　1/2個分
カシューナッツ（縦に割る）　6個分
セロリの葉　少量
カレー粉　少量
パイナップルのグリル（＊）　1枚
＊大きめに切ったパイナップルの実を、テフロン加工のフライパンに入れて強火で焼いたもの。
シブレット（またはアサツキ。みじん切り）　2〜3本分
パイナップルマヨネーズ
├ パイナップル（小角切り）　40g
├ マヨネーズ　30g
├ 生クリーム　30cc
├ 塩、コショウ　各適量
└ ＊混ぜ合わせる。

1. ジャガイモは皮付きで蒸して（またはゆでて）皮をむき、粗めにつぶす。
2. 1とAを混ぜ合わせ、食べやすい大きさに切った鶏胸肉のソテーを加えて混ぜ、器に盛る。
3. 2の上にセロリ、パイナップルマヨネーズ、ゆで卵、カシューナッツ、セロリの葉をのせてカレー粉をふる。パイナップルのグリルを添え、シブレットを散らす。

トマトとモッツァレッラ・チーズのサラダ

いろいろなトマトが出回っていますので、
お好きな品種で作るといいでしょう。
オイルやビネガーを好みのもにも替えても。

材料
トマト（ミニトマト〈赤・黄〉、アメーラルビンズ、
　シシリアンルージュなど好みのものいろいろ）　適量
モッツァレッラ・チーズ（1.5cm角切り）　適量
赤玉ネギ（みじん切り）　少量
バジルの葉　適量
バルサミコドレッシング（バルサミコ酢とオリーブ油を
　1:1の割合で合わせて塩、コショウをする。バルサミコ
　酢を赤ワインビネガーに替えてもよい）　適量

1. トマトはヘタを取り、食べやすい大きさに切る。
2. 1をモッツァレッラ・チーズ、赤玉ネギ、バジルの葉とともに器に盛り、バルサミコドレッシングをかける。

グリーン野菜とブルーチーズのサラダ

クセのあるブルーチーズは、こんなふうにアクセント的に使うと効果的。
ワインによく合うサラダになります。

材料（4〜5人分）
スナップエンドウ　10枚
キヌサヤ　10枚
モロッコインゲン　3本
グリーンピース（冷凍でもよい）
　適量
玉ネギ　1/8個程度
ラディッシュ　4〜5個
ミニトマト（黄）　2個程度
シブレット　1〜2本
ブルーチーズ　60g
オリーブ油　適量
クルミ　適量
フレンチドレッシング
　（p.36参照）　適量

*グリーン野菜は好みの種類、量で。
*フレンチドレッシングの代わりに、赤ワインビネガードレッシング（p.37参照）をかけてもよい。

1　スナップエンドウ、キヌサヤ、モロッコインゲンは筋を取り、ゆでてから冷水にとる。モロッコインゲンは食べやすい長さに切る。グリーンピースはサヤをむいてゆで（またはゆでてからサヤをむく）、冷水にとる。玉ネギはくし形に切り、食感が残る程度にゆでて冷水にとる。
2　ラディッシュとミニトマトは縦半分に切り、シブレットは2〜3cm長さに切る。
3　ブルーチーズはちぎり、オリーブ油で和える。クルミは粗く刻む。
4　水気を取った1と2、3を器に盛り合わせ、フレンチドレッシングを食べる直前にかける。

アンディーブとシェーブルチーズのサラダ

シェーブルチーズ（ヤギ乳のチーズ）はこんなふうに食べてもおいしいですね。
ワインに添えて、大人のしゃれたパーティーにどうぞ。

材料（5〜6人分）
アンディーブ（チコリ）　1個
グリーンリーフ（グリーンカール）　1株
シェーブルチーズ（ここでは那須の今牧場製「茶臼岳」を
　使用）　60g
クルミ（粗く刻む）　5〜6個分
アンチョビフィレ（粗く刻む）　3〜4枚分
バゲット　適量
ニンニク　少量
レモンクリームドレッシング（生クリームとオリーブ油を
　1:1の割合で混ぜ合わせ、レモン果汁、塩、コショウで
　味を調える）　適量

1　アンディーブは食べやすい大きさに切る。グリーンリーフは食べやすい大きさにちぎる。シェーブルチーズは適当な大きさにちぎる。
2　バゲットは薄く切ってこんがりと焼き、ニンニクの断面をこすりつけて香りをつける。
3　器に1とクルミ、アンチョビを盛り合わせてレモンクリームドレッシングをかけ、2を添える。

サラダ菜とブルーチーズのサラダ

簡単に作れますが、パーティーらしい華やかさも演出できる便利なサラダです。

材料（3人分）
サラダ菜　1株
ブルーチーズ（フルムダンベール）の
　ドレッシング
├ ブルーチーズ（フルムダンベール）
　　30g
├ 玉ネギ（みじん切り）　8g
├ 生クリーム　10cc
├ オリーブ油　10cc
├ 牛乳　20cc
├ フレンチドレッシング（右記参照）
　　適量
└ レモン果汁　少量
ミモレット・チーズ（粗めにほぐし
　たものとすりおろし）　少量
クルミ（オーブンでローストして
　カリッとさせてから粗めに刻む）
　少量

1. サラダ菜は株のまま縦に3～4等分のくし形に切る。
2. フルムダンベールのドレッシングを作る。フルムダンベール、玉ネギ、生クリームをよく混ぜ合わせる。オリーブ油、牛乳を加えて更に混ぜる。味と濃度を見ながらフレンチドレッシングを加えて混ぜ合わせ、レモン果汁少量で味を調える。
3. 皿に1のサラダ菜を盛り、2をかける。ミモレットとクルミを散らす。

フレンチドレッシング

材料（作りやすい量）
サラダ油　200cc
酢（好みのもの）　50cc
マスタード粉（好みのもの）
　小さじ山盛り1
玉ネギ（すりおろし）　30g
ニンニク（すりおろし）　少量
塩　小さじ1（好みで）
コショウ　少量

ボウルにサラダ油以外の材料を入れて、泡立て器で混ぜ合わせる。ボウルの端からサラダ油を少しずつ加えながら、全体をよく混ぜ合わせる。

ローストビーフとルッコラのサラダ

市販のローストビーフを使って作れる、簡単サラダです。

材料（4～5人分）
ローストビーフ（市販品。またはp.47参照）　200g
ルッコラ　適量（好みで）
ペコロス　1/2個
ラディッシュ　2～3個
フライドガーリック
├ ニンニク　1～2粒
└ 揚げ油　適量
赤ワインビネガードレッシング
├ 赤ワインビネガー　50cc
├ オリーブ油　50cc
├ 塩、コショウ　各適量
├ ＊赤ワインビネガーとオリーブ油を混ぜ合わせ、
│　塩、コショウをする。
黒粒コショウ　少量

1　フライドガーリックを作る。ニンニクは皮をむいて芯を取り除き、縦に薄切りにする。180℃程度に熱した油に入れて揚げる。油を切り、冷ましておく。

2　ローストビーフは薄く切る。ルッコラは食べやすい長さに切り、ペコロスは薄い輪切りにする。ラディッシュは縦半分に切る。

3　1と2をボウルでさっと混ぜ合わせて器に盛る。

4　赤ワインビネガードレッシングをまわしかけ、黒コショウを挽きかける。

＊　ルッコラの代わりにインゲンを使ってもおいしい。

アボカドとえびとブロッコリーのサラダ マスカルポーネマヨネーズ

マヨネーズにマスカルポーネを加えたソースでリッチに。ここでは一般的なエビを使いましたが、伊勢エビやオマールを使えばぐっと豪華なサラダになります。

材料（5〜8人分）
ジャガイモ　2個
アボカド　2個
むきエビ（ゆでて冷水にとり、水気を切る）　15尾
ブロッコリー（ゆでて冷水にとり、水気を切る）　4〜5房
塩　少量
ケチャップ　60g
タバスコ　好みの量
ディル　適量

マスカルポーネマヨネーズ
- マヨネーズ　50g
- マスカルポーネ　50g
- 牛乳　20cc
- 玉ネギ（みじん切り）　少量
- レモン果汁　少量
- 塩、黒コショウ　各適量
- ＊マヨネーズ、マスカルポーネ、牛乳を混ぜ合わせて玉ネギを加え、塩、黒コショウ、レモン果汁で味を調える。

1　ジャガイモは皮付きのままゆでて皮をむき、2cm角に切る。アボカドは種を取って皮をむき、2cm角に切る。ともに軽く塩をし、ボウルに入れてさっと合わせ、マスカルポーネマヨネーズの半量を加えて和える。皿に盛り、エビと適宜に切ったブロッコリーをのせる。

2　ケチャップにタバスコを好みの量加えて混ぜ合わせ、1のところどころにかける。残りのマスカルポーネマヨネーズもかけ、ディルを散らす。

きゅうりといなだとかぶのサラダ

ブリの若魚であるイナダは、夏が旬。同じく夏がおいしいキュウリとよく合います。夏のおもてなしに。

材料（1サク分）
イナダ（サク）　1本
姫キュウリ（p.11参照 *）　2本
＊またはキュウリ1本。
カブ　2個
フレンチドレッシング（p.36参照）
　適量
梅干し　好みの量
シブレット（または大葉。みじん切り）
　適量
ミツバ　適量
塩　適量

＊フレンチドレッシングの代わりに赤ワインビネガードレッシング（p.37参照）を合わせてもよい。

1　イナダは1cm厚さに切る。
2　姫キュウリは1cm角に切り、塩をふる。カブは皮をむいて1cm角に切り、塩をふる。姫キュウリとカブを合わせてフレンチドレッシングで和える。
3　梅干しを刻んでフレンチドレッシングと混ぜ合わせ、イナダを和える。シブレットを加える。
4　皿に3と2を盛り合わせてシブレットを散らし、ミツバを添える。

にんじんローストのサラダ

ニューヨークのお惣菜屋さんで売っていた、
バリッと焼いたニンジンのソテーからヒントを得て作ったサラダです。

材料（6人分）
ニンジン　3本
トマト（シシリアンルージュまたはミニトマト）　6〜7個
ニンニク（小さめ。薄皮付き）　1/2粒
コッパ（豚の肩肉部分の生ハム）　3枚
赤玉ネギ（薄い輪切り）　少量
カボチャの種（市販品。フライパンでさっと煎る）　少量
ニンジンの葉（さっと素揚げして塩をふる）　少量
オリーブ油、グラニュー糖、塩、コショウ　各適量
バルサミコドレッシング（バルサミコ酢とオリーブ油を
　1:1の割合で合わせて塩、コショウをする）　適量

1　ニンジンはヘタを切り取り、皮付きのまま縦半分に切る。水から入れて火が通るまでゆでる。
2　フライパンにオリーブ油をひいてニンニクを入れ、1を断面から入れて焼く。裏返して全体に少し色がつきはじめたら、グラニュー糖をふり、カラメリゼさせて塩を少量ふる。
3　トマトはヘタを取り、横半分に切って、オリーブ油をひいた別のフライパンで焼く。
4　2のニンジンとニンニク、3のトマト、コッパ、赤玉ネギを皿に盛り合わせる。バルサミコドレッシングをまわしかけてカボチャの種を散らし、ニンジンの葉の素揚げを添えて、コショウをふる。

＊　カラメリゼ：カラメル状に焦がすこと。

焼き野菜のサラダ

野菜はお好みの季節野菜で。

材料（4〜5人分）
ナス　1本
パプリカ（赤・黄）　各1/2個
ズッキーニ　1/2本
ペコロス　2個
万願寺唐辛子　3本
ニンニク　1/2粒
ミニトマト　10個
ローズマリー　1/2本
バジルの葉　1枝分
パルミジャーノ・レッジャーノ・チーズ　適量
オリーブ油、塩　各適量
赤ワインビネガードレッシング
　├赤ワインビネガー　50cc
　├オリーブ油　50cc
　├塩、コショウ　各適量
　├＊赤ワインビネガーとオリーブ油を混ぜ合わせ、
　└　塩、コショウをする。

1　ナス、パプリカ、ズッキーニは一口大の乱切りにし、ペコロスは4〜6等分のくし形に切り、ニンニクは薄切りにする。これらの野菜と万願寺唐辛子を天板に並べて全体に軽く塩をふり、オリーブ油をまわしかけて180℃のオーブンで火が通るまで焼く（素材により焼き時間は異なるので、ようすを見ながら）。

2　ローズマリーもオーブンでさっと素焼きする。バジルの葉は食べやすい大きさに切り、パルミジャーノ・チーズは薄く削る。

3　1の野菜、2のバジルの葉、ミニトマトをボウルに入れ、赤ワインビネガードレッシングを加えてさっと合わせる。器に盛り、ローズマリーとパルミジャーノ・チーズを散らす。

りんごとセロリとじゃがいもの小さなオードヴルサラダ

レモンクリームドレッシングがぴったりです。

材料（4〜5人分）
ジャガイモ　1個
リンゴ（小さめ）　1/2個
セロリ　1本
フレンチドレッシング（p.36参照）　適量
レモンクリームドレッシング（生クリームとオリーブ油を1:1の割合で混ぜ合わせ、レモン果汁、塩、コショウをする）　適量
クレソン　適量

1　リンゴは皮付きのまま縦4〜5cm、7〜8mm角の棒状に切る。セロリも同じくらいの棒状に切る。合わせてフレンチドレッシングで和える。
2　ジャガイモは皮付きのままゆでて皮をむき、2cm幅の輪切りにする。常温に冷ましておく。
3　皿に**2**のジャガイモを置き、**1**のセロリとリンゴをのせる。レモンクリームドレッシングをかけてクレソンをのせる。

カマンベールとりんごのサラダ

ヨーグルトのソースがリンゴによく合います。シブレットを散らして味と色を引き締めましょう。

材料（4〜5人分）
リンゴ　1個
カマンベール・チーズ　80g
ヨーグルト（プレーン）　50g
オリーブ油　25cc
塩、コショウ　各適量
シブレット（またはディル）　適量

1　リンゴは皮付きのままくし形に切り、電子レンジに70秒前後かけてやわらかく火を通す。皮をむき、横1.5cm厚さに切る。カマンベールは1.5cm角に切る。
2　ボウルでヨーグルトとオリーブ油をよく混ぜ合わせ、塩、コショウで味を調える。
3　皿に**1**を盛り付けて**2**をかけ、細かく刻んだシブレットを散らす。

メインの料理

テーブルの主役になる料理です。塊の肉や魚介、そして卵や野菜を使ったものも。調理法別にご紹介します。

フライパン料理

オーブンがなくても作れる便利なフライパン料理。塊肉も、500g程度までのものならフライパンで焼けます。焼く際の音やにおいも場を盛り上げてくれるので、親しい友人が集まる楽しいおもてなしにはぴったりでしょう。

肉はゆっくり焼いてある程度火を入れてから、余熱で火を通すのがコツ。強火で焼く必要はありません。

フライパンは、肉よりひとまわりだけ大きめのサイズを使いましょう。大きすぎると必要以上に熱がまわってしまいます。そして、焼いた肉は必ずやすませてから切り分けます。やすませずに熱いうちにすぐ切ってしまうと、せっかくの肉汁が流れ出てしまいます。素材をおいしく焼いたら、あとは付け合わせやオリジナルのソースを添えて、おもてなし向きの一品に。

[肉の下準備]

* 肉は焼く10分ほど前までには、冷蔵庫から出して常温に戻しておく。
* 焼く前に塩をしておく。コショウをふると焦げやすいので注意する。

[焼いた肉のやすませ方]

焼いた肉は、フライパンから取り出して、全体をアルミホイルで包む。またはフライパンを火から下ろし、上からアルミホイルをかぶせて少し温かい場所に置いておく。皮付きの鶏肉など、皮目をパリッと仕上げたいものは、アルミホイルで包まずに（包む場合も密閉はしない）やすませる。やすませる時間は肉の大きさによるが、5～15分程度。この時間を計算に入れて、焼きはじめるとよい。

鶏胸肉のポワレ

鶏胸肉は、焼くとパサつくイメージがあるようですが、これも焼き方しだい。
他の肉同様、余熱を上手に利用しましょう。そして皮はあくまでもパリッとさせるのが、
おいしく仕上げるポイントです。オトワレストランでは、鶏肉に塩をふってから皮目を上にして
冷蔵庫に1日置き、水分を飛ばしてから焼いています。こうすると皮目がしっかりと焼き上がります。

材料（1枚分）
鶏胸肉　1枚（280〜300g）
塩　適量
サラダ油　適量

1. 鶏肉は水分をよくふき取り、塩をふる（写真a）。
2. テフロン加工のフライパンにサラダ油を少量熱し、油が充分に熱くなったら（写真b。手をかざして温度を確かめる）、1の鶏肉を皮目から入れて焼きはじめる（写真c。中火より少し弱めで）。
3. 2に2/3から1/2程度火が入ったら裏返して焼く（写真d〜f。身の厚い部分には、まわりの油をかけながら焼くとよい）。
4. 両面にしっかり焼き色がついたらフライパンから取り出して網の上に置き、油を切りながら余熱で火を入れる（写真g。アルミホイルで軽く包んでもよい。密閉するとしんなりしてしまうので、完全には包まない）。
5. 4を食べやすく切り分けて器に盛り、塩ゆでしたミニアスパラガスと、セロリときゅうりのサルサを添える。

[付け合わせとソース]
ミニアスパラガスの塩ゆで
ミニアスパラガスをさっと塩ゆでし、水気を取る。

セロリときゅうりのサルサ

材料（鶏胸肉1枚分）
A
- キュウリ（小角切り）　40g
- セロリ（小角切り）　20g
- 玉ネギ（みじん切り）　10g
- ディル（みじん切り）　少量
- 緑オリーブ（みじん切り）　2〜3個分
- アンチョビフィレ（みじん切り）　1〜2枚分
- レモン果汁　20cc（レモン約1個分）
- レモンの皮（すりおろし）　適量（好みの量）
- オリーブ油　25cc

塩、黒コショウ　各適量

Aの材料を混ぜ合わせ、塩、黒コショウで味を調える。

鶏胸肉のポワレ きのこクリームソース

クリームと相性のいいキノコをたっぷり加えたソースで。
キノコはお好みのものを組み合わせて使ってください。

材料（4〜5人分）
鶏胸肉　1枚（280〜300g）
塩、コショウ、サラダ油、無塩バター（好みで）　各適量
きのこクリームソース
- マッシュルーム（大きいものは半分に切る）　8〜10個分
- シメジ（石づきを切り落としてほぐす）　1/2パック分（50g程度）
- シイタケ（大きいものは2〜4等分に切る）　3〜4個分
- ニンニク（皮をむいて包丁の腹でつぶす）　1/2粒
- 無塩バター　20g
- 白ワイン　30〜40cc
- 生クリーム　120cc
- 塩、コショウ、レモン果汁　各適量

シブレット（2〜3cm長さに切る）　少量

1　鶏胸肉は水分をよくふき取り、塩、コショウをする。サラダ油を熱したフライパンに皮目から入れてこんがりと焼き、裏返して軽く焼く（写真a。このときバターをひとつまみ加えると香りがよい）。フライパンから取り出して温かいところでやすませる。

2　きのこクリームソースを作る。鍋にバターを温め、マッシュルーム、シメジ、シイタケ、ニンニクを入れて、焼き色をつけながら焼く（キノコはあまり動かさない）。白ワインを加えて鍋底に焼きついた旨みをこそげ取り、全体を混ぜる。生クリームを加えて（写真b）軽く煮詰め、塩、コショウで味を調える。最後にレモン果汁を少量落とす。

3　1を食べやすい大きさに切り分けて皿に盛り、2をかける。シブレットを散らす。

＊　鶏肉の詳しい焼き方は、p.45参照。

牛肩ロース肉のロースト

余熱を上手に利用すれば、ローストビーフもオーブンなしで作れます。
付け合わせは、肉によく合うアンディーブ。ソースは市販のデミグラスソースに
トマトやオリーブをプラスして作る、簡単オリジナルソースです。

材料（作りやすい量）
牛肩ロース（またはロース）肉（塊）　400g
アンディーブ　1個
レモン（スライス）　1〜2枚
サラダ油　適量
塩　適量
ソース
├ トマト　25g
├ 黒オリーブ（種を抜く）　5g（3個）
├ ケッパー　2g
├ イタリアンパセリ　少量
├ デミグラスソース（市販品）　適量
└ 塩、コショウ　各適量

1　レモンと塩を入れて湯を沸かし、アンディーブを入れてやわらかくなるまでゆでる。粗熱をとった後縦半分に切り、サラダ油をひいたフライパンに断面を下にして入れ、ゆっくり焼いて両面に軽く焼き色をつける。

2　牛肉の表面全体に塩をふり、半日ほど冷蔵庫に入れておく。肉を常温に戻して水分を取り、少量のサラダ油（または牛脂）を熱したフライパンに入れ、軽く焦げ目がつくようにゆっくりと焼く（写真a）。好みの焼きぐあいより少し前に取り出し、アルミホイルで包んで、落ち着くまで保温しながらやすませる（写真b）。

3　ソースを作る。トマトは皮を湯むきして5mm角に切る。オリーブ、ケッパー、イタリアンパセリはみじん切りにする。鍋にデミグラスソースを入れて温め、切った材料をすべて入れ（写真c）、塩、コショウで味を調える。

4　2の肉と1のアンディーブを盛り合わせ、3のソースを添える。食べるときに肉を切り分け、ソースをかける（写真d）。

a

b

c

d

牛赤身肉のロースト

肉を塊で焼くと、端と中心部で火の通りぐあいが異なります。好みの焼き加減を選んで食べられるのも、塊で焼く楽しさのひとつ。焼いた後はやはりしっかりやすませてください。脂身の少ない肉は特に、焼き終えた後にやすませるかどうかで、ジューシーさに大きな差が出ます。添えたのはトマトのサルサ。肉がさっぱりと食べられます。お好みで葉野菜のサラダやマスタードを添えてもけっこうです。

材料（4〜6人分）
牛肉（赤身。塊） 600g
塩 適量
サラダ油、無塩バター（好みで） 適量

1. 肉の表面にまんべんなく塩をふる（写真a。塩は高めの位置からふる）。
2. テフロン加工のフライパンにサラダ油を少量熱し、油が充分に熱くなったら肉を入れ、火加減に注意しながら表面を焼く。バターの風味をつけたいときは、熱がまわってきたところで少量のバターを加えてもよい（写真b〜d）。
3. 焼き色がしっかりついたら肉を返す（写真e）。しみ出てくる脂をときどきすくってかけながら焼く（写真fg。焼けぐあいは肉を指で押してみて確かめる）。
4. 両面にしっかり焼き色がついたら火からはずす。肉をアルミホイルで覆い、やすませながら余熱で火を入れる（写真h。写真iはやすませた後の肉）。
5. 肉を皿に盛り、芽キャベツのソテーとじゃがいものソテーをまわりに添え、トマトのサルサを別添えにする。

* 肉汁をソースにする場合は、肉を取り出した後フライパンに残った肉汁を熱し、茶色く泡立ってきたら水分を飛ばして少し煮詰める。水またはブイヨンを少量加え、塩、コショウで味を調えてソースとする（写真j k）。

[付け合わせとソース]

芽キャベツのソテー

芽キャベツはおしりの部分に十字の切り目を入れてゆでた後、水気を切り、バターを熱したフライパンで焼き、塩をする。

じゃがいものソテー

ジャガイモは皮付きのまま蒸した後、そのまま（または皮をむき）、バターを熱したフライパンで焼いて塩をする。

トマトのサルサ

p.57参照。

豚ロース肉のロースト

脂身から溶け出た脂を上手に利用して火を入れます。
ソースは豚肉と相性のいい、パイナップルの風味を加えたマヨネーズソース。
レモンを絞って食べてもおいしいです。
付け合わせはマッシュポテト（p.85参照）でも。

材料（4〜5人分）
豚ロース肉（9cm厚さの塊）　500g
塩　適量

1　豚肉は火の通りがよくなるように、脂身に5mm幅の切り込みを網目状に入れる（写真a。入れなくてもよい）。
2　肉の表面にまんべんなく塩をふる（写真b。塩は高めの位置からふる）。
3　テフロン加工のフライパンを熱する（オイルは入れない）。火を中火より弱めにし、2の肉を脂身から焼きはじめる（写真c）。
4　脂身にしっかり焼き色がついたら、ときどき焼く面を変えて、まわりの脂を肉にかけながら全体を焼く（写真d〜i）。焼き終えたらアルミホイルに包んで保温しながらやすませておく。
5　4を食べやすい大きさに切り分けて器に盛り、マッシュルームのソテーを添える。パイナップルマヨネーズを別添えにする。

[付け合わせとソース]
マッシュルームのソテー
マッシュルームを、サラダ油（好みでバターでもよい）を熱したフライパンで焼き、塩をする。

パイナップルマヨネーズ

材料（4〜5人分）
A
├ マヨネーズ　120g
├ 玉ネギ（みじん切り）　20g
├ ＊辛みが強いときは水にさらす。
├ パイナップル（小角切り）　50g
└ イタリアンパセリ（みじん切り）　適量
塩、コショウ　各適量

＊濃度が高すぎるときは、牛乳や生クリームを加えて調整する。

Aの材料を混ぜ合わせ、塩、コショウで味を調える。

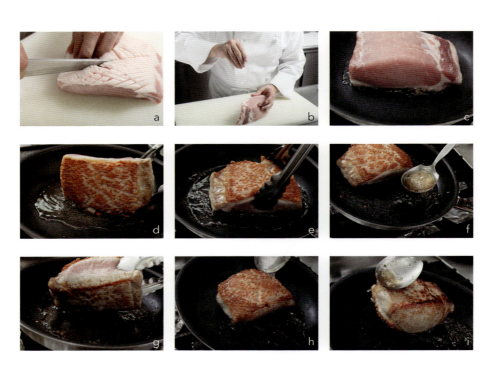

ラムチョップのソテー（照り焼き風味）

醤油とみりんにニンニクやタカノツメを加えたマリネ液が、ラムのクセをやわらげます。鶏肉や豚肉でもおいしく作れます。

材料（6本分）
ラムチョップ　6本（1本90g）
マリネ液
├ 醤油　80cc
├ みりん　80cc
├ ニンニク（皮をむいてつぶす）　1粒
└ タカノツメ　2本
サラダ油　適量

1　マリネ液を作る。鍋にマリネ液の材料を入れて火にかけ、煮立ってから2～3分加熱して2/3量程度になるまで煮詰める（写真a）。冷ましてからラム肉を漬ける（写真b。漬け時間は好みによるが、3～4時間漬ければ充分）。
2　1のラム肉をマリネ液から取り出し、クッキングペーパーで軽く汁気を取る（写真c）。
3　フライパンにサラダ油を熱して2の肉を入れ、やや強火で焼く（写真d。焦げやすいので注意する）。焼き色がしっかりついたら裏返して焼く（写真e f）。裏面もしっかり焼いたら取り出して器に盛り、ほうれん草のソテーを添える。
＊　マリネは真空パックで行なえば、マリネ液も少なくてすみ、時間も1～2時間でよい。

[付け合わせ]
ほうれん草のソテー

ホウレン草を洗い、全体に塩を少量まぶし、サラダ油を熱したフライパンに入れ、水分を飛ばしながらさっと炒める（色鮮やかに仕上がる）。

サーモンのムニエル 焦がしバターソース

魚のムニエルも、大きめの塊で焼くとぐっとごちそう感が出ておもてなし向きに。
バターで上手に焼くコツは、気泡を立ててふんわりと焼くこと。
温度に注意しながら、泡を守るように焼くと焦げません。

材料
生鮭（大きめの切り身） 適量
塩、無塩バター 各適量

1 鮭は皮を取り除き、両面に塩をふる。
2 フライパンにバターを熱する。バターが泡立ち香りが立ってきたら、1の鮭を入れ、焦がさないように温度に注意しながら両面を焼く。
3 2の鮭を器に盛り、ほうれん草のソテーを添え、温めた焦がしバターのピリ辛ソースをかける（または別添えにする）。

[ソースと付け合わせ]

焦がしバターのピリ辛ソース

材料（作りやすい量）
無塩バター 100〜120g
タカノツメ 4、5本
醤油 30cc

1 鍋にバターを入れて熱し（写真a）、バターが泡立ってきたら火を弱める（写真b。火が強いと焦げるので注意する）。香ばしい香りが立ち、下のほうが少し焦げて泡が小さくなってきたら（写真c）、種を除いたタカノツメを入れる（写真d）。いったん火から下ろし、鍋をゆすりながらようすを見る（写真e）。
2 再び鍋を火にかけ、醤油を加える（写真f〜h）。全体がなじんだら火から下ろす。

ほうれん草のソテー

ホウレン草を株のまま洗い、根元に十字に切り込みを入れて全体に塩を少量まぶす。オリーブ油を熱したフライパンに入れ、水分を飛ばしながら強火でさっと炒める（色鮮やかに仕上がる）。

グリル料理

素材を火であぶり焼く、とてもシンプルな調理法。バーベキューなど野外での食事にも活躍します。ソースや付け合わせを工夫すれば、おもてなしらしい一品に。

赤えびのグリル トマトのサルサ

とてもシンプルで簡単なグリル料理。他の魚介でも
肉でも同様に作れます。サルサは、オイルやビネガーを
好みのものに替えたり、辛みを加えたり、
他のフレッシュハーブや香味野菜を加えるなどの
アレンジを加え、好みのものを作ってみてください。

材料
赤エビ（殻付き。他のエビでもよい）　適量
オリーブ油　適量
トマトのサルサ（作りやすい量）
├ トマト（小さめ。皮付きで小角切り）　1個分（70g）
├ パプリカ（赤・黄。小角切り）　計20g
├ 玉ネギ（みじん切り）　少量
├ イタリアンパセリ、ディル（各みじん切り）　各少量
├ 塩、コショウ、赤ワインビネガー、E.V.オリーブ油
└　　各適量
レモン（輪切り）、イタリアンパセリ　各適量

1　エビは殻付きのままバットに並べ、オリーブ油を全体にまわしかける。熱した焼き網にのせて焼く（写真a）。
2　トマトのサルサを作る。トマト、パプリカ、玉ネギ、イタリアンパセリ、ディルを混ぜ合わせて塩、コショウ、赤ワインビネガーで味を調え、E.V.オリーブ油を加える（写真b）。
3　1のエビを器に盛り、レモン、イタリアンパセリを添える。2のトマトのサルサを別添えにする。

*　サルサに辛みがほしければタバスコ、生唐辛子、黒コショウを加えてもよい。また好みでニンニク、生姜、ハーブなどを加えたり、油を加えずに作ってもよい。

鶏もも肉のグリル ブルーチーズソース

骨付きの鶏モモ肉を焼くなら、グリルがおすすめです。手づかみで食べるようなバーベキューパーティーにもいいでしょう。肉と相性のいいフルーツの付け合わせや、特徴のあるチーズのソースを合わせれば、いつもと違う一品に。豚肉や牛肉にも合うので、いろいろな肉を焼いて食べくらべるのもいいでしょう。

材料
鶏モモ肉（骨付き） 適量
塩、粗挽き黒コショウ 各適量

鶏モモ肉は全体に塩をふり、グリルで焼く。器に盛り、粗挽き黒コショウをふり、りんごのピクルス、ブルーチーズソースを添える。

[付け合わせとソース]

りんごのピクルス

材料
リンゴ 適量
ピクルス液（作りやすい量）
├ 赤ワインビネガー（または白ワインビネガー） 50cc
├ ハチミツ 10g
├ 水 150〜180cc
├ 塩 10g
└ *鍋に合わせて沸かし、冷ましておく。

リンゴは皮をむいて適当な大きさに切り、ピクルス液に1日ほど漬ける。

ブルーチーズソース

材料（作りやすい量）
玉ネギ（粗みじん切り） 30g
ニンニク（みじん切り） ごく少量
白ワイン 50cc
ブルーチーズ（ゴルゴンゾーラ、フルムダンベールなど） 40g
牛乳 40cc
生クリーム 40cc
ベシャメルソース（下記参照。好みで入れなくてもよい） 適量
レモンの皮（すりおろし） 少量
イタリアンパセリ（またはパセリ。みじん切り） 少量
黒コショウ（粒を挽く） 少量
塩 適量

1 テフロン加工のフライパンに玉ネギとニンニクを入れてさっと炒め、すぐに白ワインを加えて火を入れる。
2 1にブルーチーズと牛乳を加えてチーズを溶きのばす。生クリームを加えて更に火を入れ、ベシャメルソースを少量加えてとろみをつける。
3 レモンの皮とイタリアンパセリを加えて混ぜ合わせる。黒コショウを少量挽きかけ、塩で味を調える。

ベシャメルソース

材料（作りやすい量）
無塩バター 50g
小麦粉 50g
牛乳 700cc

1 鍋にバターを入れて火にかけて溶かし、小麦粉を一気に入れて、焦がさないように木ベラで混ぜ合わせながら火を入れる。
2 1に牛乳を少しずつ加えながら泡立て器で混ぜ合わせ、更に火を入れる。
3 2をバットにあけ、ラップフィルムを密着させてかぶせ、表面に膜ができないようにして冷ます。

ポシェ料理

ポシェとは、ゆでることです。とても簡単な調理法で、素材の持ち味を生かすことができます。ソースを替えれば、さまざまな味のバリエーションも楽しめます。

オマールのサラダ オレンジマヨネーズ

オマールは、1尾だけでも豪華な感じが出るパーティー向きの素材。
盛り付けは、ぜひ頭付きで。ポシェにするとオマール自体の味が楽しめます。
ここではエビ類と相性のいいオレンジのソースを添えました。

材料(1尾分)
オマール　1尾(450〜500g)
塩　適量
オレンジソース
├ オレンジの果汁　3/4個分
├ マヨネーズ　100g
└ 生クリーム　30cc
オレンジの果肉(薄皮をむいたもの)　1/4個分
セルフィーユ　適量

1　オマールは、胴体と尻尾の間から頭の付け根の関節を抜けるように竹串を通す(身が曲がらないようにするため)。大きな鍋に湯を沸かし、湯の量の1%の塩を入れる。沸騰したらオマールを入れて7分ほどゆで、取り出して氷水にとる(写真a)。

2　1のオマールの竹串を抜き、頭を胴体からはずす。頭のミソは取り出す(ミソはオマールの身にからめても、盛り付けるときに頭の脇に添えてもよい)。キッチンバサミなどを使って胴体の殻をむき、身を食べやすい大きさの輪切りにする。爪は包丁の背や固いものでたたき割り、中身を取り出す。

3　オレンジソースを作る。鍋にオレンジ果汁を入れて沸かし、1/4量になるまで煮詰め、冷ましておく。

4　マヨネーズに、生クリームと3のオレンジ果汁を加えて混ぜ合わせる。

5　オレンジの果肉を1cm角に切る。

6　2のオマールの身と爪を器に盛り、頭を飾る。4のソースと5のオレンジの果肉を添えてセルフィーユを飾る。

牛肉のポシェ 香味野菜とレフォールソース

脂の多い牛肉も、ゆでることではさっぱりと食べられます。
ソースは野菜ソースとレフォールのソースの2種類。
野菜のソースは付け合わせ的な役目も果たします。珍しい料理ですが、ぜひお試しください。

材料(4～5人分)
牛肉(ホホ肉、バラ肉、ハラミなど。塊)　約500g
A(香味野菜)
├ ニンジン、セロリ、玉ネギ、ニンニク、パセリなど
│ 　(すべて大きめに切る)　各適量
└ ローリエ　1枚
レフォールソース(作りやすい量)
├ レフォール(ホースラディッシュ。市販のすりおろし)
│ 　50g
├ 砂糖　50g
├ 白ワインビネガー　80cc
├ 生パン粉＋牛乳(パン粉が浸る程度の牛乳を加えたもの)
│ 　計240g
├ 生クリーム　40cc
└ 塩、コショウ　各適量
野菜ソース(作りやすい量)
├ 玉ネギ(4～5mm角切り)　120g
├ セロリ(4～5mm角切り)　60g
├ ニンジン(4～5mm角切り)　100g
├ 牛肉のゆで汁(作り方1)　180cc目安
├ 塩、コショウ　各適量
└ コーンスターチ　適量(とろみがほしい場合)
パセリ(みじん切り)　適量

1 牛肉のポシェを作る。鍋にAと適量の水、牛肉を入れて強火にかける。沸いたらアクを取り、火を弱めて肉がやわらかくなるまでゆっくりゆでる。

2 レフォールソースを作る。鍋に砂糖、白ワインビネガーを入れて火にかけ、焦げないように注意してゆっくり煮詰める(写真a)。ツヤが出てきたら牛乳に浸したパン粉とレフォールを加え(写真bc)、温めながら合わせる。生クリームを入れて煮詰め(写真d)、塩、コショウで味を調える。

3 野菜ソースを作る。鍋に玉ネギ、セロリ、ニンジン、1のゆで汁180ccを入れて野菜がやわらかくなるまで煮る(写真e。途中で水分が足りなくなったら、1のゆで汁を少し足す)。

4 塩、コショウで味を調え、水で溶いたコーンスターチを加えて加熱し、とろみをつける(写真f)。

5 1の牛肉を食べやすい厚さに切って皿に盛り、4の野菜ソース、2のレフォールソースをかける。パセリを散らす。

＊ ゆでたり蒸したりしたジャガイモを添えてもおいしい。

煮込み料理

簡単なのに手がかかっていそうな煮込みは、まさにおもてなし向き。事前に余裕をもって用意できるものが多いので、あわてずにすみます。

鶏もも肉のオニオン煮込み

甘みをつけたビネガー風味で、どなたでも食べやすい味です。
付け合わせはインゲン豆などでもおいしいですよ。

材料（4人分）
鶏モモ肉（骨付き。関節で切り分けたもの ＊）
　4本
＊骨付きでなくてもよいが、骨付きのほうが
　旨みが出る。
玉ネギ（1cm幅のくし形切り）　2個分
ニンニク（皮をむく）　1粒
無塩バター　適量
サラダ油　適量
塩　適量
グラニュー糖　30〜40g
赤ワインビネガー　30〜40cc（＊）
＊ビネガーの風味が好きであれば、もう少し多く
　てもよい。
鶏のジュ（鶏のだし。フォンドボーでも可）
　90cc
ブロッコリー（ゆでる）　適量

＊鶏モモ肉は1本を関節で半分に切り分けたも
のを使用している（写真a）。この料理には足首
側を使っているが（上の部分はp.67のトマト
煮込みに使用している）、どちらを（あるいは
両方を）使用してもよい。

1　鶏肉の水分をよくふき取り、塩をする。
2　鍋にサラダ油をひいて熱し、熱くなったら火を少し弱め、1の鶏肉を並べ入れて焼く。ニンニクを丸ごと入れて、肉をあまり頻繁に動かさずに全面にほどよく焼き色をつける（写真b）。
3　フライパンにサラダ油とバターを合わせて熱し、玉ネギを入れ（写真c）、軽く焦げ目がつきはじめるまで弱火で炒め続ける。
4　全体に焦げ目がついたら塩をひとつまみ加え、半量のグラニュー糖を入れて弱火で炒める。更に焼き色がついてきたら塩ひとつまみと残りのグラニュー糖を加えて炒める。バターを1カケ足して、あめ色になるまで炒める。赤ワインビネガーを加え、フライパンについた旨みをこそげ取る（写真d〜f）。
5　4に鶏のジュを加えて2の鍋に入れ（写真g h）、弱火で煮込んで全体をなじませ、味を調える（写真i。または鍋ごとオーブンに入れてもよい）。
6　皿に盛り、ゆでたブロッコリーを添える。

鶏もも肉のトマト煮

パプリカの産地、ラテンの国を感じさせる料理です。賑やかなおもてなしに。

材料(4人分)
鶏モモ肉(骨付き *)　4本
*骨付きでなくてもよいが、骨付きのほうが旨みが出る。
玉ネギ(1cm幅のくし形切り)　1/2個分
ニンニク(皮をむく)　1粒
トマトソース(下記参照)　90g
緑ピーマン(縦4～6等分に切る)　2個分
赤ピーマン(縦4～6等分に切る)　2個分
カイエンヌペッパー　適量
生ハム(細切り)　適量
イタリアンパセリ(葉をちぎる)　適量
塩、オリーブ油　各適量

*鶏モモ肉は、p.65のオニオン煮込みで使用した残り(関節で切り分けた上の部分)を使用しているが、どちらを(あるいは両方を)使用してもよい。また、鶏肉の代わりにブリ、カジキ、タラなどの魚を使ってもよい。火の入れ方は素材に合わせる。
*ピーマンの代わりにパプリカを使ってもよい。

トマトソース

材料(作りやすい量)
トマト水煮(缶詰。ダイス)　500g
玉ネギ(みじん切り)　80g
ニンニク(みじん切り)　1粒分
塩　適量
砂糖(必要なら)　少量
ローリエ　1枚
オリーブ油　30cc

1. フライパンにオリーブ油とニンニクを入れて熱し、香りが立ってきたら玉ネギを入れて炒める(焦がさないよう注意)。
2. 1にトマトの水煮、塩、(必要なら砂糖、)ローリエを入れ、トマトの形が崩れるくらいまで煮る。

1. 鶏肉の水分をよくふき取り、全体に塩をする。
2. 鍋にオリーブ油をひいて熱し、熱くなったら火を少し弱めて1の肉を並べ入れ(写真a)、じっくり全面を焼く。肉に半分程度火が通ったら、丸ごとのニンニク、玉ネギ、水90ccを加え(写真b)、動かさずに焼きつける(写真c。肉の焼き汁を玉ネギに吸わせるように)。
3. 2にトマトソースと水90ccを加えて煮る(写真d)。
4. フライパンにオリーブ油を熱し、ピーマン(赤・緑)を入れて強火で炒める。塩をふって色よく炒めたら(写真e)、3の鍋に加える(写真f)。蓋をして10分ほど弱火で煮込み、カイエンヌペッパーをふり入れてなじませる。
5. 器に盛り、刻んだ生ハムとイタリアンパセリを軽く合わせて上にのせる。

鶏手羽元と野菜とパスタのスープ煮

具だくさんスープとしてテーブルに出してもいいでしょう。
トマトや他の季節の野菜などを入れてもおいしいです。辛みがほしければ、タカノツメを加えても。

材料（3〜4人分）
鶏手羽元　5〜6本（300g）
鶏のブイヨン　少量
ニンニク　1/2粒
ニンジン（1.5cm角切り）　70g
玉ネギ（くし形切り）　80g
細ネギ（2cm幅に切る）　60g
セロリの茎（3cm幅に切る）　30g
シイタケ（4〜6等分に切る）　40g
ショートパスタ（コンキリエ）　適量
セロリの葉（ざく切り）　少量
パセリ（またはイタリアンパセリ。
　　みじん切り）　少量
E.V.オリーブ油　適量
塩、コショウ　各適量

1　鶏手羽元は水洗いして水気を切っておく。鍋に鶏手羽元と、それが完全にかぶる量の水を入れ、ニンニクを加え、肉にほぼ火が入るまで煮る（写真a）。アクを取り、ブイヨンを少量加え、ニンジン、玉ネギ、細ネギ、セロリの茎、シイタケを加えて火が通るまでゆっくり煮る（写真b）。
2　別鍋でショートパスタを表示通りゆでる。
3　1の鍋に2のショートパスタを入れて塩、コショウで味を調える。仕上げにセロリの葉、パセリを加え、E.V.オリーブ油をまわしかける。

a

b

塩豚のポトフ

塊の豚肉に塩をすり込んで作る塩豚はとても便利。
豚肉の旨みが引き出されるうえ、保存もでき、さまざまな料理に使えます。

材料（作りやすい量）
塩豚
├ 豚肩ロース肉（塊）　400g〜1kg（写真は1kg）
└ 塩　肉の重量の20〜25%
長ネギ　2本
玉ネギ　1/2〜1個
ニンジン　1/2〜1本
ニンニク　1〜2粒
セロリの茎　1/2〜1本
ローリエ　1枚

1　塩豚を作る。豚肉に塩をまんべんなくすり込み、ラップフィルムで包んで1〜3日冷蔵庫に入れておく。

2　長ネギはそれぞれ4等分の長さに切り、軽くまとめてタコ糸でしばる。ニンジンは皮をむく。玉ネギは縦半分に切る。

3　1の塩豚を軽く水洗いし、鍋に入れる。かぶる程度の水を加えて一度沸かし、アクを取る。何度かアクを取った後2の野菜、ニンニク、セロリの茎、ローリエを入れて、肉がやわらかくなるまで煮る（野菜はそれぞれ火が入ったらいったん取り出しておく）。

4　肉がやわらかくなったら野菜を戻し入れて温め、火から下ろす。塩、つぶした粒コショウ、ディジョンマスタード（それぞれ分量外）を、小皿に入れて添える。

＊　ゆでたり蒸したりしたジャガイモを添えてもおいしい。

オーブン料理

オーブンを使いこなせれば、料理の幅はぐっと広がります。はじめから無理はせず、小さめの肉のローストなど簡単なものから作ってみましょう。また、器に材料を合わせて焼く料理なら、形も気にせずにすみ、切り分ける手間もないので作りやすいでしょう。

鶏胸肉のロースト 赤ワイン風味

マリネした肉を焼く、一番簡単なオーブン料理です。
鶏肉の他、豚肉、仔羊肉、鴨肉などでも同様に作れます。

材料（鶏胸肉2枚分）
鶏胸肉　2枚
塩、オリーブ油　各適量
マリネ液
├ 赤ワイン　360cc
├ ハチミツ　50～60g
├ ニンニク（生姜でもよい）　1粒
├ ローリエ　1枚
├ 塩　2～3つまみ
└ 黒粒コショウ（鍋の外底を押し付けるなどして
　　つぶす）　20～30粒

＊赤ワインは一般的なもので充分だが、甘すぎないほうがよい。
＊辛みがほしいときは、粒コショウの代わりにタカノツメを加えてもよい。

1　マリネ液を作る。赤ワインとハチミツを鍋に入れて火にかける（写真a b。フランベ〈火をつけてアルコールを飛ばす〉すると炎が長い時間立つので気をつける。蓋をすると消える）。2/3量程度に煮詰まったらニンニク、ローリエ、塩、黒粒コショウを入れて（写真c）半量程度まで煮詰める（塩の量は、焼くときの鶏肉の塩加減やワインの甘み、煮詰めぐあいにもよるので、好みの分量で）。冷ましておく。

2　鶏胸肉の両面に軽く塩をしてバットに置き、冷めたマリネ液を注いで冷蔵庫に半日以上置いてマリネする（写真d。または真空パックにする）。

3　2の肉を取り出してマリネ液をふき取る。天板に置き、(180～)200℃のオーブンで焼く（写真e）。焼き目が色よくついたらアルミホイルで覆い、火が通るまで焼く。

4　焼き上がったら、アルミホイルで覆って保温しながら少しやすませた後、食べやすい厚さに切り分けて器に盛り、付け合わせを添える。

[付け合わせ]
スナップエンドウをゆでて水気を切り、マヨネーズと生クリームを合わせたソースで和える。盛り付けてからイタリアンパセリを散らす。

a

b

c

d

e

キャベツと豚挽き肉の重ね焼き

キャベツをたっぷり使って作ります。
ロールキャベツより手間がかからず簡単です。白菜でもおいしく作れます。
挽き肉は少し粗挽きのものを使ったほうが、肉感が出ておいしい。

材料（作りやすい量）
豚粗挽き肉　1kg
ベーコン（1cm角切り）　120g
塩、コショウ　各適量
キャベツ　1個
鶏のブイヨン＋水（ブイヨン1:水1の割合）　適量
豚バラ肉（薄切り）　4〜6枚
イタリアンパセリ　少量

1　ボウルに豚挽き肉、塩、コショウを入れてよく練り混ぜる。ベーコンを入れて更によく練り混ぜる。

2　キャベツは芯に十字の切り目を入れて、完全に火が通るまで丸ごとゆでる（20分くらいを目安に。キャベツの種類や時期により変わる）。鍋から取り出し、粗熱がとれたら葉を1枚ずつはがす（写真a）。

3　1のタネを手のひらに大きめに取り、ハンバーグを作る要領で丸める。キャベツの葉を1枚敷いて丸めたタネを中心に置き、キャベツの葉を3〜4枚かぶせて丸く整える。再びタネを大きめに取ってまとめ、キャベツの上にのせて広げ、再びキャベツを3〜4枚のせる。これを3回繰り返す（写真b〜e）。

4　鍋に3を入れ、半分浸る程度にブイヨン＋水を入れる。全体を覆うように豚バラ肉をのせて塩をふる。

5　4を140〜160℃のオーブンに入れ、40〜50分火を入れる。

6　5を食べやすく切り分けて器に盛り、イタリアンパセリを添える。

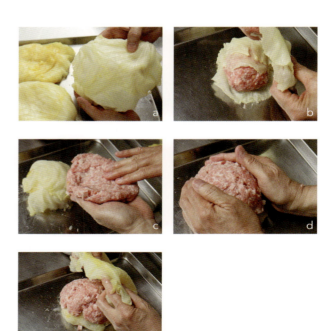

白菜と豚肉のミートローフ

白菜に味が染み込んで実においしい。白菜を多めにして作るといいでしょう。

材料（作りやすい量）
白菜　6〜8枚（挽き肉ダネを覆える量。多めのほうがよい）
豚挽き肉（または牛挽き肉）　500g
マッシュルーム（縦半分に切る）　80g
玉ネギ（みじん切り）　60g（1/4個分）
シュレッドチーズ　40g
パセリ（みじん切り）　適量
塩、コショウ　各適量
鶏のブイヨン　40cc
サラダ油　適量

1　白菜は葉を1枚ずつはがし、半日ほどおいて、葉の端が少し乾燥するまで水分を飛ばす。
2　鍋にサラダ油を熱し、マッシュルームを入れて焼きつけ、色がついたら取り出す。冷めたらみじん切りにする。玉ネギは、サラダ油でよく炒めて冷ましておく。
3　ボウルに豚挽き肉、2のマッシュルームと玉ネギ、シュレッドチーズ、パセリを入れて塩、コショウをし、よく練り混ぜる。
4　キャセロールやココット鍋に、1の白菜を隙間なく4〜6枚敷く。3のタネをのせて（写真a）残りの白菜をかぶせる（写真b）。
5　4にブイヨンを注ぎ、サラダ油をまわしかけ、160℃のオーブンで30〜40分ほど焼く。途中で表面に焦げ目がついたらまわりのスープを白菜にかけ（写真c）、アルミホイルをかぶせて蒸し焼きにする。
6　オーブンの温度を140℃に下げ、火が通るまでようすを見ながら焼き上げる。
＊　このままテーブルに出して、鍋の中で切り分けても、器に取り出して切り分けてもよい。

なすとトマトといわしのグラタン

ナスとトマトとイワシは相性のいい組み合わせです。簡単でおいしいので、ぜひ作ってみてください。

材料（5人分）
ナス　3本
イワシ　5尾
トマト　280g
パン粉　30g
イタリアンパセリ　適量
玉ネギ（みじん切り）　30g
ニンニク（みじん切り）　小1粒分
オリーブ油　適量
塩、コショウ　各適量

1　ナスはヘタを取り、縦5mm厚さに切る。オリーブ油を熱したフライパンに入れて焼き、塩をふる。
2　トマトは皮付きのまま、横に5mm厚さの輪切りにし、軽く塩をふる。
3　イタリアンパセリをみじん切りにし、パン粉と混ぜ合わせて塩、コショウをする。
4　イワシは三枚におろし、両面に軽く塩をふる。
5　耐熱皿に、1のナスを少しずつ重ねながら隙間なく斜めに並べる（写真a）。その上に2のトマト（写真b）、4のイワシ（写真c。皮を上に）の順に敷き詰める。玉ネギとニンニクを散らして（写真d）オリーブ油を全体にまわしかける。
6　5を180℃のオーブンに入れて焼き、上が焦げてきたら（写真e）アルミホイルをかぶせて20分ほど焼く。一度取り出して3のパン粉を散らし（写真f）、オリーブ油を全体にまわしかけて、サラマンダー（上火オーブン。またはオーブン）で焦げ目がつくまで焼く。

びんちょうまぐろのロースト

魚のローストとアイヨリソース(ニンニクのソース)は相性抜群です。
主役の素材にあまり色がないときは、こんなふうにまわりに
色のきれいな付け合わせやソースを添えると、料理がぐっと華やぎます。

材料(5〜6人分)
ビンチョウマグロ(大きめのサク)　400g
塩、オリーブ油　各適量

1　ビンチョウマグロに塩をする。
2　フライパンにオリーブ油を熱して1を入れ、表面を焼いてから、150℃のオーブンに入れて15分ほど焼く。
3　2を大皿に盛り、なすとミディトマトのローストを添える。じゃがいものローストとアイヨリソースを、別皿で添える。

[付け合わせとソース]

なすのロースト

材料(作りやすい量)
ナス　1本
A
├ 玉ネギ(みじん切り)　8g
├ イタリアンパセリ(みじん切り)
│　少量
├ 黒オリーブ(みじん切り)
│　6g(3個分)
└ オリーブ油　10cc
塩、黒コショウ　各適量

1　ナスは2cm厚さほどの輪切りにし、天板に並べ、オリーブ油(分量外)をまわしかけてオーブンで火を入れる。
2　Aを混ぜ合わせて塩、黒コショウで味を調える。1のナスの断面にのせて、150℃のオーブンで5分焼く。

ミディトマトのロースト

材料(作りやすい量)
ミディトマト　6個
A
├ 玉ネギ(みじん切り)　8g
├ ニンニク(みじん切り)　少量
├ バジル、イタリアンパセリ(それぞれみじん切り)
│　計2g
└ オリーブ油　10cc
塩、コショウ　各適量

1　ミディトマトはヘタ側と底側を水平に少し切り落とし、天板に並べ、150℃のオーブンで5分焼く。
2　Aを混ぜ合わせて塩、コショウで味を調える。1のトマトの断面にのせて、150℃のオーブンで5分焼く。

じゃがいものロースト

材料
ジャガイモ(小)　適量
塩、オリーブ油　各適量

1　ジャガイモをよく洗い、皮付きのまま蒸す。
2　フライパンにオリーブ油をひいて1のジャガイモを入れてソテーし、塩をする。

アイヨリソース

材料(作りやすい量)
ニンニク　2粒
卵黄　1(〜2)個
E.V.オリーブ油　280cc
サフラン　少量
塩、コショウ　各適量

1　ニンニクをすりおろしてボウルに入れ、卵黄、塩、コショウ、サフランを加える。
2　1にE.V.オリーブ油を少しずつ加えながら、泡立て器で混ぜ合わせる。

鯛とあさりのブイヨン煮

アサリから出るおいしいだしを利用します。
鯛の代わりに他の魚介で作ってもけっこうです。いろいろ試してみてください。

材料(4～5人分)
鯛　1尾(約1kg)
アサリ　20個
玉ネギ(皮をむく)　1個
トマト(小さめ。皮付き)　1個
パプリカ(赤・黄)　各1/2個
ニンニク(皮をむき、包丁の腹でつぶす)　2粒
スタッフドオリーブ(または緑オリーブ)
　好みの量
アサリの蒸し汁と鶏のブイヨンを合わせたもの
　390cc(目安)
イタリアンパセリ、バジル、ミント　各適量
白ワイン、E.V.オリーブ油、塩　各適量

1　鯛はウロコを引いて内臓を掃除し、背ビレの骨を取る。
2　玉ネギとトマトは8等分のくし形切りにし、パプリカもくし形に切る。
3　アサリは鍋に入れ、白ワインと少量の水をひたひたに加え、蓋をして(またはアルミホイルをかぶせ)、火にかける(写真a)。アサリの殻が開いたら鍋から取り出す(写真b)。蒸し汁は漉してからブイヨンと合わせておく。
4　浅めの鍋に1の鯛と2の野菜、ニンニク、オリーブを入れ、E.V.オリーブ油をまわしかける。3のアサリの蒸し汁+ブイヨンを注ぎ(写真c)、アルミホイルで蓋をして180℃のオーブンに鍋ごと入れて、7分ほど火を入れる(写真d。または弱火にかけてゆっくり火を入れる)。鯛に火が入ったら、3のアサリを散らす。
5　イタリアンパセリ、バジル、ミントは葉の部分をみじん切りにしてE.V.オリーブ油と塩を加えて和え(写真ef)、仕上がりに4の鍋に入れて合わせ、味を調える。

金目鯛のブレゼ

脂ののった金目鯛をオーブンで蒸し煮にします。
身にしっとりと火が入り、これだけでもおいしい。ここではアサリも加え、
別の旨みと食感をプラスしています。鯛やタラなど他の魚で作ってもけっこうです。

材料（1尾分）
金目鯛　1尾（500〜600g）
塩、オリーブ油　各適量
キャベツ（葉をはずす）　200g
ニンニク（薄皮付きのままつぶす）　1粒
鶏のブイヨン　80cc
アサリ（砂抜きしたもの）　10個
白ワイン　40〜50cc
イタリアンパセリ（みじん切り）　適量

1　金目鯛はウロコと内臓を掃除して、ヒレと尾を取る（写真a）。全体に塩をする。
2　ココット鍋にオリーブ油をひいてキャベツを敷く。1の金目鯛、ニンニク、ブイヨンを入れて（写真b）蓋をし、160℃以下のオーブンで20分ほど蒸し煮する（または火にかける）。
3　2をオーブンから取り出して、中身を皿に盛る。
4　3のココット鍋にアサリを入れる。白ワインを加えて再び160℃のオーブンで5分ほど火を入れる（アサリに火が入るまで）。
5　4のアサリを3に盛り、残った蒸し汁の味を調えて全体にかける。イタリアンパセリを散らす。

キャベツとたらの白ワイン蒸し

素材の味を生かす、シンプルな蒸し煮。キャベツの代わりに白菜を使っても、
マッシュルームの代わりにシイタケやシメジを使ってもけっこうです。
半熟卵を崩し、ソースのようにからめて食べてください。

材料（2〜3人分）
甘塩ダラ（切り身）　200g
マッシュルーム　40g
キャベツ　好みの量（多めがよい）
ジャガイモ　1個
玉ネギ（薄切り）　15g
ニンニク（皮をむいてつぶす）　1粒
白ワイン　80cc
半熟卵　1個
チキンコンソメ（p.105参照。または市販品）
　80cc
生クリーム　少量
オリーブ油　適量

1　タラは皮を取る。マッシュルームは縦に薄切りにする。
2　キャベツは火が通るまでゆでて水気を切り、食べやすい大きさに切っておく。ジャガイモは皮付きのまま蒸して皮をむき、手で軽く崩しておく。
3　鍋にオリーブ油を熱し、マッシュルーム、タラ、玉ネギ、ニンニクを入れて白ワインを注ぎ、全体になじませる。耐熱皿に移し（または鍋のまま）100℃のオーブンで約10分蒸し煮する（蒸し器で蒸してもよい）。
4　皿に **2** のキャベツ、ジャガイモ、**3**、半熟卵を盛り付けて、**3** の蒸し汁を全体にまわしかける。
5　コンソメを温めて生クリームを少量加え、ハンドブレンダーで泡立てて **4** にふわっとかける。

サーモンのほうれん草クリーム

塊のサーモンにたっぷりのクリームソース。付け合わせはあえて白いマッシュポテトで。
オーブンで焼く際には、パサパサになるほど火を入れすぎないよう注意しましょう。
高温で焼きすぎるとよくありません。焼いた後は冷めないように保温しておきます。

材料（5〜6人分）
生鮭（塊の身）　360g（皮を除いた重さ）
白ワイン　120cc
エシャロット（あれば。みじん切り）　少量
生クリーム　約200cc
無塩バター　適量
塩、コショウ、オリーブ油　各適量
ホウレン草（葉）　適量

1　オーブンに入る鍋またはグラタン皿や耐熱皿に適量のバターを塗りつける。軽く塩、コショウをした鮭、白ワイン、エシャロットを入れてアルミホイルやオーブンシートをかぶせ、150〜160℃のオーブンで10分程度蒸し焼きにする。

2　ホウレン草の葉を洗い、塩を少量まぶす。オリーブ油を熱したフライパンに入れて強火でさっと、水分を飛ばしながら炒め、取り出す。粗熱が取れたらみじん切りにする。

3　1の鮭に火が通ったら取り出して皿に盛る。残った蒸し汁を鍋に移し、焦げないように気を付けながら白ワインの酸を飛ばすように煮詰め、生クリームを加え、2のホウレン草を加える。全体をなじませて塩、コショウで味を調え、更に少量のバターを加えて溶かし込む。

4　3のソースを鮭にかけ、付け合わせを添える。

＊　生クリームを加えた後に、ベシャメルソース（p.59参照）を少し加えてソースとしてもよい。

[付け合わせ]

マッシュポテト

材料（作りやすい量）
ジャガイモ（メークイン）　5～6個
無塩バター　40g～
牛乳　適量
塩　適量
白コショウ　少量（好みで）

＊バターの量が多くなるとリッチになる。

ジャガイモは皮をむいてそれぞれ4等分に切り、水から入れてゆでる（写真a）。完全に火が通ったら湯を捨て、ジャガイモが入った鍋を火にかけて水分を飛ばした後、ジャガイモをマッシャーやヘラでつぶす（写真b）。バターと塩、コショウを加えてよく混ぜ合わせ（写真cd）、温めた牛乳で味と濃度を調える。

やしおますの燻製のオ・フー 長ねぎのヴィネグレット

マスの燻製に、オーブンで4～5分火を入れます。
ここでは栃木のプレミアムヤシオマスの燻製を使っていますが、
市販のサーモンの燻製を使ってもけっこうです。

材料（4人分）
ヤシオマスの燻製（市販品。またはサーモンの
　燻製。塊）　200g
オリーブ油　適量
長ネギ　1～2本
ヴィネグレットソース（下記参照）　適量
トマト（小角切り）　適量
カイワレ大根　適量

1　ヤシオマスの燻製にオリーブ油をまぶし、160℃のオーブンに4～5分を目安に入れる（火の入りぐあいは好み）。
2　鍋に湯を沸かして長ネギを入れ、やわらかくなるまでゆでて、水気を切り、食べやすい長さに切る。
3　ヴィネグレットソースの濃度を、長ネギのゆで汁で調整する。
4　皿に2のネギを敷いて3のソースをかけ、1のマスを盛り付けて、トマトとカイワレ大根をのせる。

ヴィネグレットソース

材料（上記の料理分）
サラダ油（またはオリーブ油）　100cc
赤ワインビネガー　20～25cc
ディジョンマスタード　10g
ニンニク（みじん切り）　少量
塩、コショウ　各少量

ボウルにディジョンマスタード、赤ワインビネガー、ニンニク、塩、コショウを合わせて泡立て器で軽く混ぜる。ボウルの端からサラダ油を少しずつ加えながら、全体をよく混ぜ合わせる。

野菜のオムレツ

器に具材と卵液を入れて、オーブンで焼くだけの簡単オムレツ (p.87〜89)。
熱くても冷めてもおいしいです。野菜の種類や量は、季節や好みでアレンジしてください。
焼きたての熱い状態だときれいに切るのは難しいので、熱々をテーブルに出す場合は
ざっくり取り分けるといいでしょう。切り分けて提供するなら冷めてから。
ケチャップ系やマヨネーズ系のソースなどを合わせてもけっこうです。

材料 (5人分以上)
卵液 (右記参照)　400g程度
ブロッコリー　5〜6房
ニンジン　1/8本
玉ネギ　1/4個
ズッキーニ　1/6本
パプリカ (赤・黄)　各1/8個
カボチャ　1/10個分 (一口大に切ったもの
　5切れ)
シメジ (石づきを切り落としてほぐす)
　1/4パック
ジャガイモ　1個
塩、サラダ油　各適量

1　ブロッコリーは小房に分けてゆでる。ニンジンは皮をむき、斜め薄切りにしてゆでる。玉ネギは3cm幅のくし形に切り、蒸しておく。ズッキーニは、縦4〜6等分の棒状に切り、塩をする。パプリカは一口大に切り、塩をする。カボチャは一口大に切り、蒸しておく。シメジは、ごく少量のサラダ油で炒めておく。ジャガイモは蒸して皮をむき、くし形に切る。
2　耐熱皿に 1 の野菜を彩りよく並べて卵液を注ぐ (写真a)。160℃のオーブンで20分ほど焼く (写真b)。

＊　卵液の量は野菜の量や耐熱皿の形状により加減する。
＊　焼き時間は器の深さや厚みにより変わる。

卵液

材料 (作りやすい量)
卵　460g (8個)
牛乳　100cc
チーズ (粉末)　50g
塩　適量
砂糖　少量

すべての材料を、ボウルで混ぜ合わせる。

＊チーズはパルミジャーノなど好みのものでよい。牛乳は豆乳に替えてもよい。

いろいろきのこのオムレツ

玉ネギの代わりに長ネギを使っても、
また、蒸したジャガイモをつぶして入れてもけっこうです。

材料（3人分以上）
卵液（p.87参照）　400g程度
シメジ　130g
エリンギ　100g（約3本）
シイタケ　80g（3〜4個）
玉ネギ（くし形切り）　80g
ニンニク（みじん切り）　1/2粒分
ベーコン（短冊切り）　50g
サラダ油、塩　各適量
シュレッドチーズ（好みのもの）
　25g

1　シメジは石づきを切り落としてほぐす。エリンギとシイタケは食べやすい大きさに切る。
2　フライパンにサラダ油を少量熱し、1のキノコを入れて色づくまで炒め、ニンニクを加えて更に炒め、塩をする。
3　別のフライパンにサラダ油を少量熱し、玉ネギを入れて軽く色づくまで炒めてからベーコンを入れ、さっと炒め合わせる。
4　耐熱皿に2、3の順に敷き、シュレッドチーズを散らす。卵液を注ぎ、160℃のオーブンで20分ほど焼く。

＊　焼き時間は器の深さや厚みにより変わる。

かぼちゃのオムレツ

サツマイモやジャガイモでも同様に作れます。
また、レーズンを加えてもおいしい。

材料（4〜5人分）
卵液（p.87参照） 140g程度
カボチャ（蒸したもの） 200g
玉ネギ（蒸したもの） 80g
シュレッドチーズ（好みのもの）
　25g

1　カボチャは蒸して皮を薄く切り落とし、一口大に切る。玉ネギは蒸して3cm幅のくし形に切る。
2　耐熱皿に1のカボチャと玉ネギを並べる（きっちり並べすぎずにざっくりと重ねていくとよい）。
3　2にシュレッドチーズを散らして卵液を注ぎ、160℃のオーブンで24分ほど焼く。

＊　カボチャの皮は付けたままでもよい。
＊　焼き時間は器の深さや厚みにより変わる。

さつまいもとじゃがいものグラタン ドフィノワ風

通常ジャガイモだけで作るグラタン・ドフィノワに、サツマイモを加えました。
他の料理の付け合わせとしても使えます。
ハムを加えて一品料理として作ってもいいでしょう。

材料（作りやすい量）
サツマイモ　約小3本
　（蒸した状態で正味300g）
ジャガイモ（メークイン）　約3個
　（蒸した状態で正味300g）
生クリーム　150cc
牛乳　80cc
ニンニク（みじん切り）　1/2粒分
塩、コショウ　各適量
グリュイエール・チーズ（すりおろし）　適量
無塩バター　適量

1　サツマイモとジャガイモは蒸して皮をむき、7〜8mm厚さの輪切りにする。
2　グラタン皿にバターを塗り、1のサツマイモとジャガイモを交互に並べる。
3　鍋に生クリーム、牛乳、ニンニクを合わせて温め、塩、コショウで味を調える。2に注ぎ入れてグリュイエール・チーズを表面にかけ、焼き色がつくまでサラマンダー（上火オーブン。または強火のオーブン）で焼く。

オードヴル ＋ メイン料理にプラスするもの

スープや米料理、小さなおつまみなど、オードヴルとメインにプラスして使える、お役立ち料理です。

取り分けスープ

スープを大きな器や鍋に入れてテーブルに出し、みんなで取り分けるスタイルも新鮮です。ごちそう感のある、少しリッチなスープがおすすめです。

マッシュルームのスープ カプチーノ仕立て

たっぷり使うマッシュルームの旨みがおいしいスープです。
キノコは重量感があり、傘が開いていない新鮮なものを使いましょう。味も香りも違います。

材料（10人分以上）
マッシュルーム（薄切り） 500g
セロリ（薄切り） 25g
エシャロット（薄切り。なければ玉ネギでもよい） 50g
ニンニク 約1/3粒分
無塩バター 30g
白ワイン 120cc
鶏のブイヨン 500cc
生クリーム 250cc
塩、コショウ 各適量

1. 鍋にバター、ニンニク、エシャロット、セロリを入れて弱火にかけ、焦がさないように炒める。マッシュルームを加え、全体にバターがなじんだら白ワインを入れて少し加熱し、次にブイヨンを加えて熱する。火を弱めて蓋をし、ゆっくり火を入れる。
2. マッシュルームと野菜に火が入ったら火から下ろし、そのまま粗熱をとる。粗熱がとれたら汁と具に分け、汁と具の量のバランスを見ながら合わせてミキサーにかける。
3. 鍋に2を戻して温め、生クリームを加えて塩、コショウで味を調える。提供直前に、ハンドブレンダーで泡立てる。

* 最後に牛乳やブイヨンを足して、濃度を調整してもよい。
* 泡立てなくてもおいしい。

丸ごとかぼちゃのポタージュ カレー風味

カボチャの形を生かした楽しい仕立て。ハロウィンパーティーのテーブルにいかがでしょう。
冷製にして小角切りのトマトを浮かべてもおいしいです。

材料(作りやすい量)
カボチャ(普通サイズ) 1個
＊蒸してくり抜いた中身を正味420g程度使用。
牛乳 220cc
生クリーム 100cc＋80cc
カレー粉 少量
塩 適量
＊砂糖をごく少量加えて甘みを調整してもよい
（カレー風味が生きる）。

1 カボチャは上の部分を水平に切り落とし、切り落とした部分も一緒に丸ごと蒸す（蒸し器で40分程度。コンベクションオーブンなら100℃で40分）。火が通ったら皮の1cmほど内側まで中身をくり抜き（切り落とした部分の中身もくり抜いて使う）、種の部分は除いておく。

2 1でくり抜いた中身のカボチャを鍋に移して泡立て器で粗くつぶす。牛乳と生クリーム100ccを加え、温めながら更につぶして塩で味を調える。

3 生クリーム80ccをとろみがつく程度（七分立て）に泡立て、カレー粉をほんの少量加える。

4 2のスープを、1の中身を取り出した後のカボチャに注ぎ、3の生クリームをのせてサラマンダー（上火オーブン）で焦げ目をつける。

えびの具だくさんスープ

エビの旨みがギュッと詰まったリッチなスープ。フランスではザリガニで作ることも多くあります。オマールでもいいでしょう。エビのスープは、頭付きのエビで作ったほうが味がよく出ます。

材料（作りやすい量。1人分80〜160cc目安）
エビのスープ（右記参照）　800〜1000ccを目安に
玉ネギ（みじん切り）　60g
赤パプリカ（せん切り）　60g
ズッキーニ（せん切り）　60g
無塩バター　適量
牛乳　120cc
生クリーム　120cc
塩　適量
カイエンヌペッパー　少量

1　玉ネギ、赤パプリカ、ズッキーニをバターで炒める。
2　鍋にエビのスープ、1の野菜、牛乳、生クリームを入れて熱し、塩、カイエンヌペッパーで味を調える。

エビのスープ

材料（作りやすい量）
赤エビ（他のエビでもよい）　12尾（殻と頭を使用する。殻と頭で275g＊）
ニンジン（4〜5mm角切り）　35g
玉ネギ（みじん切り）　50g
セロリの茎（4〜5mm角切り）　15g
ニンニク　1粒
無塩バター　30g
ブランデー　30cc
白ワイン　80cc
トマト（完熟。皮付きのままくし形に切る）　370g（2個分）
ローリエ　1枚
ブール・マニエ（小麦粉とバターを1:1で混ぜ合わせたもの）　30g程度

＊エビの身は別の料理に使っても、スープの具として使ってもよい。

1　エビは殻と頭をはずしておく。
2　鍋にバターを熱してニンジン、玉ネギ、セロリ、ニンニクを入れて炒める。1のエビの殻と頭を加えて殻をつぶしながら更に炒める（写真a b）。香りが出てきたらブランデーを加え、次に白ワインを加え、鍋底の旨みをこそげ取るように炒めながらアルコールを飛ばす（アルコールは完全に飛ばさないと味が残るので、飛ばし切る）。トマト、かぶる程度の水（またはブイヨン）、ローリエを入れて煮る（写真c）。味がよく出たら、ブール・マニエ（写真d）を加えて少しとろみをつける（写真e）。
3　味を確認し、よければ目の細かいザルで漉す（写真f）。

パーティーご飯

洋風の料理主体のテーブルに米料理を添えるなら、パエリアが便利です。具もたっぷりとのせれば、おもてなしにぴったりな豪華なご飯に。

インスタント・パエリア

ぱっとテーブルが華やかになる、まさにパーティー向きのご飯です。
サフランライスを作っておけば、すぐにでき上がります。
具は好みで他のものに替えてもけっこうです。本格的なパエリアは
もっとオリーブ油を使いますが、これはさっぱりと食べやすい味にしています。

材料（4人分）
サフランライス（右記参照）　右記の1/2量
パプリカ（赤・黄・緑。乱切り）　各1/6個分程度
有頭エビ　4尾
むきエビ　4尾
アサリ　8個
ムール貝　8個
白ワイン＋水（白ワイン2：水1の割合）　適量
ニンニク（みじん切り）　少量
トマトソース（p.67参照）　適量
レモン（スライス）　1枚
オリーブ油　適量
イタリアンパセリ（みじん切り）　適量

1　パエリア鍋にオリーブ油を薄く塗り、サフランライスを敷く。
2　別鍋にアサリ、ニンニクを入れ、白ワインと水を2：1の割合で合わせてかぶる程度に加え、沸かす。むきエビとムール貝も入れて蓋をし、貝の殻を開かせる。有頭エビは別にゆでておく。
3　1の上に2の魚介とパプリカ、レモンを並べ（写真a）、2の魚介のゆで汁を全体が湿る程度にまわしかける（写真b）。トマトソースを具材の上に好みの分量のせて（写真c）オリーブ油をまわしかけ、200℃のオーブンに入れて12〜15分焼く。
4　イタリアンパセリを散らす。

サフランライス

材料（作りやすい量）
米　550g
玉ネギ（みじん切り）　100g
サラダ油　30cc
軽いブイヨン　600cc（＊）
＊または水600cc＋ブイヨンキューブ1個。
塩　4g
サフラン　ひとつまみ

1　鍋にサラダ油を熱し、玉ネギを炒める。米を加えて更に炒める。
2　別鍋に軽いブイヨン、塩、サフランを合わせて沸かし、1の鍋に加える。
3　鍋ごと（または耐熱皿に移して）150℃のオーブンに入れ、20分ほど火を入れる。
4　炊き上がったサフランライスをバットに広げて冷ます。

＊　サフランの代わりにターメリックを使用してもよい。
＊　保存する場合は使用する量に分けて冷凍するとよい。

a

b

c

インスタント・パエリア きのこ風味

サフランライスにキノコとチーズをのせて焼くだけ。目先の変わったご飯としておすすめです。

材料(4人分)
サフランライス(p.97参照)　p.97の1/2量
ニンニク(みじん切り)　少量
シイタケ(半分に切る)　3〜4個分
シメジ(石づきを切り落としてほぐす)　60g
エリンギ(大きめに切る)　1〜2本分
無塩バター　適量
モッツァレッラ・チーズ　好みの量
塩、黒コショウ、レモン果汁　各少量
パルミジャーノ・レッジャーノ・チーズ(すりおろし)
　好みの量
シブレット(みじん切り)　少量

1　フライパンにバターを熱し、泡立って香りが立ってきたらシイタケ、シメジ、エリンギを入れ、焼き色がつくまで炒める(キノコはあまり頻繁に動かさない)。最後にニンニクを加えて更に炒める。
2　モッツァレッラ・チーズを角切りにして塩、黒コショウ、レモン果汁で和えておく。
3　炊き上げたサフランライスを耐熱皿に平たく敷く。上に1のキノコと2のモッツァレッラ・チーズをのせてパルミジャーノ・チーズをふる。オーブンの上火で3〜4分、チーズが溶けるまで焼く。
4　シブレットを散らす。

パン

パンを添えるなら、どんな料理にも合うシンプルなものがいいでしょう。もちろん市販のものでけっこうですが、手作りするならこんなパンがおすすめです。

パン・オ・レ（ミルク風味のパン）

やわらかくて食べやすい、
どんな料理とも相性のよいパンです。
簡単にできるので試してみてください。

材料（作りやすい量）
小麦粉（中力粉50%、強力粉50%）　1000g
塩　20g（2%）
上白糖　30g（3%）
インスタントドライイースト　10g（1%）
牛乳　750g（75%）
無塩バター（室温でやわらかくしておく）　80g（8%）
＊（　）内の%は小麦粉量に対するパーセンテージ。

1. バター以外の材料をボウルに合わせてよくこねる。生地を薄く引っ張ることができるようになるまでこねたら、バターを加えて更にこね上げる（こね上げたときの芯温が26℃になるとよい。そのために、冬場は牛乳を少し温める、夏場は粉を冷やすなど、材料の温度調節が事前に必要）。
2. ［一次発酵］1にラップフィルムをかけ、温かいところに1時間ほど置いて一次発酵させる（約2倍の大きさになるまで）。
3. 2を必要な大きさに分けてバットに並べ、ラップかぬれ布巾をかけて20分やすませる（写真a）。
4. ［二次発酵］3を好きな形に成形して天板に並べる（または型に入れる。写真b）。蒸気があたる38℃の場所で20分ほど二次発酵させる（写真c。2倍の大きさになる。オーブンの発酵機能を使ってもよい）。
5. 4の生地に霧吹きで水をかけ、200℃のオーブンで17〜18分焼く。

ゴマ入り

こね上がりの生地（作り方1）に、小麦粉の8%の分量のゴマを入れてこねる。後の作り方は同じ。

クルミ入り

こね上がりの生地（作り方1）に、小麦粉の20%の分量のクルミ（ローストして砕いたもの）を入れてこねる。後の作り方は同じ。

付け合わせにも使える便利な
野菜料理・豆料理

このままワインに合わせて食べるもよし。肉や魚介を使ったメインの料理に添えるもよし。テーブルに出して、食べ方はゲストにおまかせするのがいいでしょう。

ごろごろ野菜のブールフォンデュ

色とりどりの野菜を合わせ、
レモンバターでゆっくり火を入れます。
存在感のある付け合わせとして重宝します。

材料（作りやすい量）
A
- エリンギ（縦半分に切る）　1本分
- シメジ（石づきを切り落としてほぐす）　30g
- 玉ネギ（くし形切り）　1/6個分
- ナス（ヘタごと縦4〜6等分に切る）　1本分
- パプリカ（赤・黄。縦に切る）　各1/6個
- ミニアスパラガス　6本
- ブロッコリー（小房に分けてゆでる）　3房
- ズッキーニ（斜め切り）　60g
- ミニニンジン（ゆでる）　6本
- ジャガイモ（インカのめざめ。蒸して皮をむき、半分に切る）　3個分
- カボチャ（蒸して一口大に切る）　1/8個分

ブールフォンデュ
- 水　100cc
- 無塩バター　80g
- 塩　適量
- レモン果汁　少量

イタリアンパセリ（ちぎる）　適量
シブレット（2cm幅に切る）　適量
セルフィーユ　適量

1　ブールフォンデュを作る。鍋に分量の水と塩を入れて火にかける。沸騰したらバターを入れて泡立て器で混ぜ合わせる。再び沸騰したら火を止めて、レモン果汁を少量加える。
2　1にAを入れ、なじませながら火を通す。
3　2にイタリアンパセリ、シブレット、セルフィーユを散らす。

ミックスビーンズと
粗挽きソーセージの軽い煮込み

肉料理の付け合わせにぴったり。
ソーセージは辛みのきいたものを使ってもおいしいです。
ソーセージの代わりに、燻製にした鶏肉、ベーコンなどを使っても。

材料（作りやすい量）
ゆでミックスビーンズ（市販品）　300g
玉ネギ　50g
ニンジン　25g
ベーコン　50g
ジャガイモ　1個
粗挽きソーセージ　20g×4本
ニンニク（つぶす）　1/2粒
ローリエ　1枚
白粒コショウ（つぶす）　20粒ほど
水（または鶏のブイヨン）　適量
塩　適量
パセリ（みじん切り）　少量

1　玉ネギ、ニンジン、ベーコンを1cm角に切る。
2　ジャガイモは蒸して皮をむき、1cm角に切る。
3　鍋に1、つぶしたニンニク、ローリエ、つぶした粒コショウを入れ、かぶる程度の水（またはブイヨン）を入れ、クッキングペーパーで落とし蓋をして煮る。野菜にある程度火が入ったら、ミックスビーンズと2のジャガイモ、粗挽きソーセージを加えて更に煮る。
4　塩で味を調え、パセリを散らす。

ミニドリンク

食事の前のアペリティフ代わりに、あるいは立食パーティーの料理に添える1品としてお使いいただける、小さな飲み物です。

＋生姜　　＋セロリ、キュウリ　　＋パプリカ
＋オレンジ果汁　　＋ミント、バジル

トマトジュースのバリエーション

使用するトマトジュースにより味に違いが出ます。バランスを見ながら調整してください。
下記の分量は、小さなグラス1杯分の配合です。5人分ぐらいずつ作ると作りやすいでしょう。
量を増やす場合は下記の配合に人数をかけた量が基本になりますが、
ピタリといかないこともありますので、これも味を見ながら調整してください。

トマトジュース ＋ミント、バジル

材料（1人分）
A
├ トマトジュース（食塩無添加）　50cc
├ レモン果汁　10cc
├ ミント、バジル　各少量
└ ニンニク　少量
塩、黒コショウ　各適量

Aの材料をミキサーでまわして塩で味を調える。グラスに注ぎ、黒コショウをふる。

トマトジュース＋オレンジ果汁

材料（1人分）
トマトジュース（食塩無添加）　50cc
オレンジ果汁　20cc
ソーダ　少量
塩　適量

材料を混ぜ合わせる。

トマトジュース＋生姜

材料（1人分）
トマトジュース（食塩無添加）　50cc
生姜の絞り汁　3cc
塩、白コショウ　各適量

トマトジュースと生姜の絞り汁を混ぜ合わせて塩で味を調える。グラスに注ぎ、白コショウをふる。

トマトジュース ＋ パプリカ

材料（1人分）
A
├ トマトジュース（食塩無添加）　50cc
├ パプリカ（赤）　15g
├ ニンニク　少量
└ タバスコ　2〜3滴
塩　適量

Aの材料をミキサーでまわして塩で味を調える。

トマトジュース ＋セロリ、キュウリ

材料（1人分）
A
├ トマトジュース（食塩無添加）　50cc
├ セロリ　8g
├ キュウリ　8g
└ レモン果汁　少量
塩、黒コショウ　各適量

Aの材料をミキサーでまわして塩で味を調える。グラスに注ぎ、黒コショウをふる。

＋グレープフルーツ　　＋りんご　　＋レモン　　＋ビネガー

セロリドリンク

さっぱりとしたミックスジュースといった感じです。味や濃度の調整はお好みで。

セロリ＋りんご

材料（5～8人分）
セロリ　50g
リンゴ　250g
水　リンゴの重量の1/3ほどの量
塩　少量
黒コショウ　適量

1. リンゴは皮をむき、適当な大きさに切って器に入れ、ラップフィルムをかけて電子レンジで火を入れる。そのまま冷ましておく。
2. 冷めたら1を汁ごとミキサーに入れ、セロリと分量の水を加えてまわす。塩で味を調えてグラスに注ぎ、黒コショウをふる。

＊ 生のリンゴの代わりに、果汁100％のリンゴジュースを使用してもよい。
＊ 甘みが欲しければ、塩の代わりに砂糖を加えてもよい。

セロリ＋グレープフルーツ

材料（5～8人分）
セロリ　50g
グレープフルーツジュース（果汁100％）　250cc
ソーダ　50cc

セロリとグレープフルーツジュースを合わせてミキサーでまわし、ソーダを加える。

いちごドリンク

甘くなりすぎないので、
食前にちょっと飲むのにいいドリンク。
パーティーに華を添える、きれいな色もいいですね。
使用するイチゴにより味は変わりますので、
確認しながら調整してください。

いちご＋レモン

材料（4～5人分）
イチゴ　200g
レモン果汁　30～40cc
ソーダ　60cc
シロップ（水と砂糖を1:1で合わせて煮溶かし、冷ましたもの）　好みの量

イチゴとレモン果汁を合わせてミキサーで軽くまわし、ソーダを加える。甘みをつけたい場合はシロップを加える。

いちご＋ビネガー

材料（4～5人分）
イチゴ　200g
オレンジジュース（絞り汁。または果汁100％ジュース）　60cc
白ワインビネガー　8cc
シロップ（水と砂糖を1:1で合わせて煮溶かし、冷ましたもの）　好みの量

イチゴ、オレンジジュース、白ワインビネガーを合わせてミキサーでまわす。甘みをつけたい場合はシロップを加える。

ミニスープ

小さなカップやグラスに入れて、食事がスタートする前のアミューズとしてお出しすると喜ばれるでしょう。温製と冷製、両方をご紹介します。

かぼちゃのポタージュ カレー風味

ミキサーで作れる簡単スープ。カボチャと相性のいいカレー粉を隠し味に加えています。カボチャの種や炒めた玉ネギ、レーズンを散らしてもいいでしょう。冷製でもおいしい。

材料（5〜8人分）
カボチャ（種を取り、やわらかく蒸して皮を取ったもの）
　400g程度
カレー粉（またはターメリック）　少量
牛乳（または鶏のブイヨン）　250cc
塩、コショウ　各適量

1　蒸したカボチャ、カレー粉、牛乳を合わせてミキサーにかけ、塩、コショウで味を調える。
2　1を鍋で温めて器に注ぐ。

＊　素材感を出したいときはブイヨンで作るとよい。また生クリームを加えればよりクリーミーになる。

コンソメのバリエーション

上質のコンソメは旨みの凝縮。少量でも贅沢で、特別感を感じさせてくれるおもてなし向きのスープです。体にもやさしいので、疲れている方にも喜ばれます。

基本のコンソメ

材料（でき上がり1.6ℓ分）
鶏のブイヨン　1.2ℓ
鶏モモ肉（挽き肉。または包丁で細かくたたいたもの）
　340g
玉ネギ（皮をむく）　60g
長ネギ　20g
ニンジン（皮をむく）　25g
セロリ　20g
卵白　2〜3個分
ニンニク（薄皮付き）　小1個
ローリエ　小1枚
白粒コショウ（つぶす）　10粒
塩　7g程度

1　玉ネギ、長ネギ、ニンジン、セロリはすべて粗みじんに切る。
2　鶏モモ挽き肉と1をボウルに入れ、卵白、ニンニク、ローリエ、つぶした白粒コショウ、塩を加えてよく混ぜ合わせる。
3　ブイヨンの1/4量を鍋に入れ、2を入れてよく混ぜ合わせてから残りのブイヨンを加えて混ぜる。
4　3を強火にかけ、木ベラなどで鍋底をこそげ取るように（鍋底にくっつかないように）ときどきかき混ぜる。熱くなってきたら、肉が浮き上がってくる前にかき混ぜるのをやめる。
5　4の肉がこんもり浮いてきたら、火を中火に落とし、中央にスープが見えるようにスプーンで穴を開け、弱火にする。1時間半〜2時間ほど加熱したら味を確認し、味が充分出ていたら火を止める。
6　ガーゼやクッキングペーパーに、5を濁らせないようにそっとすくって通して漉す。
7　6を再度鍋で沸かして脂を取り除く。

＊　でき上がりの目安は、旨みがしっかり出て、色があめ色に近く、ツヤがあり透明感が強い状態。
＊　漉した後に残った鶏肉は、レストランでは二番コンソメをとるのに用いたりするが、家庭ならいろいろな使い方を工夫してみるとよい。そのまま甘醤油をかけるなどしてもおいしく食べられる。

コンソメ　温製
基本のコンソメ（左記参照）を鍋で温めて器に注ぐ。

コンソメ　冷製
基本のコンソメ（左記参照）を冷蔵庫で冷やして器に注ぐ。

＊好みでトマト、キュウリ、季節ならアスパラガスや枝豆、キノコなどの具を加えてもよい。

コンソメ＋玉ネギ
基本のコンソメ（左記参照）と薄切りの玉ネギを鍋に合わせて煮る。塩で味を調えて器に注ぐ。

ヴィシソワーズのバリエーション

ジャガイモの冷たいスープ、ヴィシソワーズに、他の素材を少し加えて作るバリエーションです。

ヴィシソワーズ＋青ネギ

材料（5～8人分）
ジャガイモ　2個（240g）
牛乳　200cc
鶏のブイヨン　100cc
生クリーム　適量
塩、コショウ　各適量
長ネギ（青い部分）　少量

1　ジャガイモは皮付きのまま蒸して熱いうちに皮をむき、フォークなどで粗くつぶす。
2　1、牛乳、ブイヨンを合わせて塩、コショウで味を調える。
3　長ネギ（青い部分）はさっとゆでておく。
4　2と3を合わせてミキサーにかける。生クリームを加えて塩で味を調える（レモン果汁で酸味を少量加えてもよい）。
5　冷蔵庫で冷やして器に注ぐ。

ヴィシソワーズ＋黒コショウ

材料（5～8人分）
ジャガイモ　2個（240g）
牛乳　200cc
鶏のブイヨン　100cc
生クリーム、塩、コショウ　各適量
黒コショウ（粒を挽いたもの）　少量

1　ジャガイモは皮付きのまま蒸して熱いうちに皮をむき、フォークなどで粗くつぶす。
2　1、牛乳、ブイヨンを合わせて塩、コショウで味を調える。
3　2をミキサーにかけ、生クリームを加えて塩で味を調える。
4　冷蔵庫で冷やして器に注ぎ、黒コショウを挽きかける。

ヴィシソワーズ＋コンソメのジュレ

材料（5～8人分）
ジャガイモ　2個（240g）
牛乳　200cc
鶏のブイヨン　100cc
生クリーム　適量
塩、コショウ　各適量
コンソメのジュレ（コンソメ〈p.105参照〉を冷蔵庫で冷や固めたもの）　適量

1　ジャガイモは皮付きのまま蒸して熱いうちに皮をむき、フォークなどで粗くつぶす。
2　1、牛乳、ブイヨンを合わせて塩、コショウで味を調える。
3　2をミキサーにかけ、生クリームを加えて塩で味を調える。
4　冷蔵庫で冷やして器に注ぐ。コンソメのジュレをのせる。

小さなおつまみ

先に来たお客様が待つ間、あるいは料理ができ上がるまでの時間があいた際にも役立つのが、ちょっとした小さなおつまみ。市販品もいろいろありますが、手作りしたい方のために。

ミニパイ（パルミジャーノ・チーズ、ごま、黒オリーブ風味）

パーティーのはじまりの乾杯の際に、テーブルに用意しておくといいでしょう。ちょっと気の利いたアミューズです。

パルミジャーノ・チーズのパイ

材料
折り込みパイ生地（p.108参照）　適量
パルミジャーノ・レッジャーノ・チーズ
　（すりおろし）　適量
卵黄　適量（水を少量加える）

1　折り込みパイ生地を厚さ1.5mm、縦20cm×横30cmにのばす。
2　1の生地全体に卵黄（水を少量加えたもの）を薄く塗り、パルミジャーノ・チーズを散らす。
3　2を端から巻いて、長さ20cmのロールを作る。とじ目を下にしてラップフィルムで包み、冷蔵庫でやすませる。
4　3を端から厚さ5mmの輪切りにし、天板に切り口を上に向けて並べ、軽く生地をつぶす。
5　天板に並べて200℃のオーブンで15分焼く。

ごまのパイ

材料
折り込みパイ生地（下記参照）　適量
ゴマ（白または黒）　適量
卵黄　適量（水を少量加える）

1. 折り込みパイ生地を厚さ1.5mm、縦20cm×横30cmにのばす。
2. 1の生地全体に卵黄（水を少量加えたもの）を薄く塗り、ゴマを散らして好みの形（好みの幅のスティック、長方形、三角形など）に切る。
3. 2にラップフィルムをかけて冷蔵庫でやすませる。
4. 天板に並べて200℃のオーブンで15分焼く。

黒オリーブのパイ

材料
折り込みパイ生地（左記参照）　適量
黒オリーブ（みじん切り）　適量
卵黄　適量（水を少量加える）

1. 折り込みパイ生地を厚さ1.5mm、縦20cm×横30cmにのばす。
2. 1の生地全体に卵黄（水を少量加えたもの）を薄く塗り、刻んだ黒オリーブを散らして好みの形（好みの幅のスティック、長方形、三角形など）に切る。
3. 2にラップフィルムをかけて冷蔵庫でやすませる。
4. 天板に並べて200℃のオーブンで15分焼く。

折り込みパイ生地

材料（作りやすい量）
A
- 薄力粉　750g
- 強力粉　250g
- グラニュー糖　10g
- 塩　5g
- 無塩バター　250g

冷水　340cc
無塩バター（折り込み用）　900g
打ち粉（薄力粉）　適量

[準備]
Aの薄力粉、強力粉、グラニュー糖、塩は合わせてふるっておく。バター250gは細かくキューブ状に切っておく。折り込み用のバターは20cm角ほどの正方形にのばす。これらをすべて冷蔵庫で冷やしておく。

[フードプロセッサーを使う場合]

1. Aの材料をフードプロセッサーに入れて撹拌する。
2. バターがある程度細かくなったら（バターと粉の混ざりぐあいを手で触って確認する。サラサラしていないとサクッと焼き上がらない）、冷水を加えて更に撹拌する。
3. 全体に混ざったら打ち粉をした台に取り出し、半円形にまとめて上部に十字の切り込みを入れてラップフィルムで包む。冷蔵庫で30分やすませる。
4. 3の生地を麺棒で正方形にのばして折り込み用バターを包み、麺棒でのばして三つ折りにする。方向を90度変えて麺棒でのばし、三つ折りにする。ビニールなどをかぶせて冷蔵庫で2時間やすませる。この作業を3回繰り返し、最後にラップフィルムで包んで冷蔵庫で2時間やすませる。または冷凍する（冷凍した場合は必要量を切り出して解凍して使う）。

[手作業で作る場合]
Aの材料をボウルに合わせ、サラサラになるまで手ですり合わせた後、冷水を加えながら混ぜる。あとは上記の作り方3以降と同じ。

グリッシーニ

ちょっとつまむのに最適な形。
アミューズとして、またオードヴルと一緒に
テーブルにあってもいいですね。
生ハムなどを巻いたり、かぼちゃのムースなどの
ディップを添えるのもおすすめです。

材料（作りやすい量）
中力粉　100g
塩　2g
上白糖　3g
生イースト　3g
水　50cc
オリーブ油　約10cc
打ち粉（中力粉）　適量

1　ボウルに打ち粉以外の材料をすべて入れ、生地に張りが出るまで手でこねる。
2　1がまとまってきたらボウルにラップフィルムをかけ、温かい場所に30分ほど置いて発酵させる（若干膨らむ）。
3　作業台に打ち粉を少量ふり、2の生地を15gずつに分割して軽く丸め、10分ほどおいて発酵させる。
4　作業台に打ち粉を少量ふり、3を25cm長さの棒状にのばす。半分の長さに切り、オーブンシートを敷いた天板に並べる。200℃のオーブンで15分焼く。

＊　棒状以外の形に作ってもよい。

グリッシーニ（そば粉入り）
グリッシーニ（左記参照）の材料の中力粉の10〜15％量をそば粉にし、同様に作る。

グリッシーニ（そば粉＋黒ゴマ入り）
1　そば粉入りの生地（上記参照）を、左記の作り方3のように分割して丸めて発酵させた後、表面を水で少しぬらす。
2　バットなどに広げた黒ゴマに、1のぬらした面を軽くつけて黒ゴマをつける。その状態で棒状にのばし、あとは同様に作る。

かぼちゃのムース

これだけで食べてもおいしいムースです。
多めに作ってもいいでしょう。味や濃度はお好みで。

材料（作りやすい量）
カボチャ（正味）　400g
牛乳　50〜60cc（目安）
生クリーム　100cc
レモン果汁、塩、コショウ　各少量

1　カボチャは種を取って皮をむき、やわらかく蒸す。
2　1を裏漉してボウルに入れ、温めた牛乳を加えて混ぜ合わせる。冷蔵庫で冷やす。
3　生クリームを半立てにして2に加えて混ぜる。レモン果汁、塩、コショウで味を調える。

＊　甘みの強いカボチャがよい。使うカボチャによって牛乳や生クリームの量は変わるので（必要のない場合もある）、確認しながら加減する。
＊　市販のカボチャピューレを使用してもよい。

デザート

料理に加え、凝ったデザートを作るのは大変です。フルーツや市販品を上手に使ってできる、簡単でおもてなし向きのアイデアをご紹介します。

フルーツのポワレ

日本では、フルーツに熱を加えて食べることをあまりしませんが、ヨーロッパでは多い食べ方です。好みのアイスクリームを添えてぜひ食べてみてください。アイスクリームは市販のものでもけっこうです。

材料（作りやすい量）
アンズ　1個（60g）
イチジク　1個（70g）
パイナップル（皮をむく）　40g
オレンジ（輪切り）　50g
バナナ（皮をむく）　1本
無塩バター　25g
バニラ棒　1本
白ワイン　少量
シロップ（砂糖と水を1:1で合わせて煮溶かしたもの）
　少量
ナッツ類（アーモンド、ヘーゼルナッツ、ピスタチオなど）
　適量
ドライプルーン　適量
＊使うフルーツの種類や量は、季節や好みに合わせるとよい。

1　フルーツは、それぞれ食べやすい大きさに切る。
2　鍋にバターとバニラ棒を入れて熱し、アンズ、イチジク、パイナップル、オレンジ、バナナを入れてこんがりと焼く。
3　2に白ワインとシロップを少量入れて少し煮詰め、ナッツ類とプルーンを入れて温めながらからめる。
4　器に盛り、好みでアイスクリームを添える。

[参考]

バニラアイスクリーム

材料（作りやすい量）
クレーム・アングレーズ（下記参照）　1ℓ
生クリーム　200～300cc

クレーム・アングレーズと生クリームを合わせてアイスクリームマシンにかける。

クレーム・アングレーズ

材料（作りやすい量）
牛乳　500cc
卵黄　6個
グラニュー糖　125g
バニラ棒（サヤを開いておく）　1/2本

1　牛乳にバニラ棒を入れて沸騰直前まで温めておく。
2　卵黄とグラニュー糖をボウルに合わせ、泡立て器でよくすり混ぜる。
3　2に1の牛乳を少しずつ加えながら混ぜ合わせる。
4　3を漉して鍋に戻す。弱火で加熱しながらヘラで混ぜ、とろみがつくまで炊く（温度が上がりすぎると分離するので注意する）。
5　4を漉してボウルに入れ（バニラ棒も移す）、氷水にあてて急冷する。

さくらんぼの赤ワイン煮 オレンジ風味

ミルクアイスクリームやバニラアイスクリームを添えたり、
パンケーキ、フレンチトーストなどのソースにしてもおいしいです。

材料（作りやすい量）
ダークチェリー（冷凍でもよい）　450g
オレンジ（スライス）　2枚
赤ワイン　200cc
グラニュー糖　80g
シナモン棒（なくてもよい）　1/4本

1　ダークチェリーは枝と種を除く。
2　鍋に赤ワイン、グラニュー糖、シナモン棒、オレンジを入れて沸かし、1のダークチェリーを入れる。再び沸いたら弱火にして5分ほど加熱し、火から下ろしてそのまま冷ます。

[参考]
ミルクアイスクリーム

材料（作りやすい量）
濃縮ミルク（市販品）　1ℓ
牛乳　250cc
転化糖（または水あめ）　125g

1　牛乳と転化糖（または水あめ）を鍋に合わせて温め、よく溶かす。ボウルに移し、氷水にあてて冷ます。
2　1に濃縮ミルクを加えてよく混ぜ、アイスクリームマシンにかける。

洋梨とぶどうのポワレ

洋梨のコンポートの代わりに、リンゴを使ってもけっこうです。

材料
折り込みパイ生地（p.108参照。または市販の冷凍パイシート）　カットしたもの4切れ
ハチミツ　適量
マスカット（皮をむく）　24粒（好みの量でよい）
洋梨のコンポート（缶詰 ＊）　4切れ
ライム（スライス）　適量
無塩バター　適量
生クリーム　100cc

＊生の洋梨をシロップで煮たものならなおよい。

1　パイ生地は1.5mm厚さにのばし、食べやすい大きさに切ったものを200℃のオーブンで8分焼く。生地が立ち上がってきたらハチミツを刷毛で塗り、更に3〜4分、焼き色がつくまで焼く。
2　鍋にバターを熱し、洋梨のコンポートを入れて焼き、色がついてきたらコンポートのシロップを少しずつ適量加えながら、焼き目をつけていく。
3　2にマスカットを入れて少し温め、洋梨とマスカットを取り出しておく。
4　3の鍋に生クリームを入れて温め、ハンドブレンダーで泡立てる。
5　器に3とライムを盛り付けて1のパイをのせ、4のクリームをかける。

おもてなしのテーブル 立食のおもてなし

立食スタイルのおもてなしには、取り分けにあまり手間のかからない料理を組み合わせるのがいいでしょう。料理は大きめの皿に規則的に並べるか、小さい器に入れたものを、取りやすいように並べておきます。

パプリカのマリネ

作りおきもできるマリネは、おもてなしの強い味方。ワインにもよく合います。

材料（作りやすい量）
パプリカ（赤・黄・オレンジ）　各1個
オリーブ（いろいろな種類）　各適量
ケッパー　適量
E.V.オリーブ油、赤ワインビネガー、塩、コショウ
　　各適量

1　パプリカはそれぞれアルミホイルできっちり包み、180℃のオーブンで30分ほど焼いて皮をむく。粗熱がとれたら縦2cm幅に切る。
2　オリーブ油と赤ワインビネガーを1:1の割合で合わせ、塩、コショウで味を調える。
3　器に**1**を盛り付けてオリーブとケッパーを散らし、**2**をかける（作りおきもできる）。

ライムとレモンのアペリティフ

スパークリングワインに、レモンとライムを加えた簡単アペリティフ。オレンジでも同様に作れます。

材料
ライム、レモン、シロップ（砂糖と水を1:1で合わせて煮溶かし、冷やしたもの）、スパークリングワイン　各適量

ライムとレモンを皮付きのままスライスして適当な大きさに切り、シロップと合わせてグラスに入れ、スパークリングワインを注ぐ。

ブルーチーズのカナッペ

食パンで作る、簡単カナッペ。印象的なブルーチーズの色は、他の色と組み合わせると効果的です。

材料（8個分）
ブルーチーズ　適量
無塩バター（室温でやわらかくしておく）　チーズの1/4量
食パン（8枚切り）　1枚
緑オリーブ（みじん切り）　1個分

1　ブルーチーズとバターをよく混ぜ合わせ、食パンに塗り広げる。
2　1のパンの耳を切り落とし、8等分に切り分ける。みじん切りにした緑オリーブをのせる。

フロマージュブランのカナッペ

ブルーチーズと組み合わせるなら、やさしい味と色ののフロマージュブランがぴったり。トッピングはアンチョビやオリーブなど、いろいろアレンジしてみてください。

材料（8個分）
フロマージュブラン　適量
レモン果汁、塩　各少量
食パン（8枚切り）　1枚
パプリカ（黄。小角切りにして塩をしておく）　少量
白粒コショウ　適量

1　フロマージュブランにレモン果汁と塩を少量加えて混ぜ合わせ、食パンに塗り広げる。
2　1のパンの耳を切り落とし、8等分に切り分ける。パプリカをのせて白コショウを挽きかける。

貝類のマリネ

生の貝に抵抗があるときは、白ワインをふってオーブンでさっと加熱してもけっこうです。
好みのハーブを添えてもいいでしょう。

材料（作りやすい量）
ホタテ貝柱（大）　3個
赤貝（身）　8枚
ホッキ貝（身）　4枚
ミディトマト（小角切り）　1個分
レモン果汁　レモン1/3個分
E.V.オリーブ油　適量
塩、コショウ　各適量

1　ホタテ貝柱、ホッキ貝は食べやすい大きさに切る。
2　**1**と赤貝を皿に盛り付ける。
3　トマトとレモン果汁、オリーブ油、塩、コショウを合わせて**2**にかける。

鴨の燻製と大根サラダ

p.23でもご紹介した大根サラダは、いろいろな料理の付け合わせとして便利に使えます。
鴨の燻製の代わりに生ハムやスモークサーモンを合わせてもおいしい。

材料
鴨の燻製（市販品。5mm厚さに切る）　適量
大根、カイワレ大根　各適量
塩　少量
フレンチドレッシング（p.36参照）　適量

1. 大根は皮をむき、縦に切る（長さ7cm×幅2cm、厚さ2.5〜3mm）。軽く塩をして1〜2時間おいた後、水気をよく絞り、フレンチドレッシングで和える。
2. 皿に鴨の燻製を盛り、1の大根サラダを添えてカイワレ大根を散らす。

きのこのキッシュ

作りおきできるので、前日に作っても大丈夫。食べるときに切り分け、お好みでオーブンや電子レンジで温めてもけっこうです。

材料（直径24cmのキッシュ型1台分）
練りパイ生地（右記参照）　適量
アパレイユ（右記参照）　適量
グリュイエール・チーズ（シュレッド）　適量
キノコ（シメジ、マッシュルーム、シイタケなど）
　計200g
玉ネギ（薄切り）　40g
ベーコン（5mm幅の棒状に切る）　80g
無塩バター、塩、コショウ　各適量

1　キノコは石づきを切り落として小房に分ける、または一口大に切る。
2　のばした練りパイ生地を型に敷き込み、フォークで全体に穴を開けておく。
3　フライパンにバターを熱し、1のキノコ、玉ネギ、ベーコンを入れて炒め、塩、コショウで味を調える。
4　2に3を入れ、アパレイユを流してチーズを散らす。180℃のオーブンで35〜45分ほど焼く。

アパレイユ

材料（作りやすい量）
生クリーム　100cc
牛乳　100cc
卵　2個
塩、コショウ　各適量

すべての材料をよく混ぜ合わせる。

練りパイ生地

材料（作りやすい量）
小麦粉　250g
無塩バター　125g
塩　1〜2g
卵黄　2個

1　すべての材料をあらかじめよく冷やしておく。
2　小麦粉をボウルにふるい入れる。
3　2に塩、5mm角に切ったバターを加え、もみ合わせるように混ぜて粉状にする。
4　3の中央にくぼみを作り、卵黄を入れてあまり練らずに手早く合わせる。生地を平らな丸い形に整え、ラップフィルムで包み、冷蔵庫で1時間以上やすませる。

ラムのロースト

骨付きラム肉の塊が手に入ったら、
ぜひ作ってみてください。

材料（6〜8人分）
ラム骨付きショルダー肉（塊。フレンチラムラック）
　骨6〜8本分
オリーブ油、塩、コショウ　各適量
ニンニク（皮付き）　適量
クレソン　適量

1　ラム肉に塩、コショウをする。オリーブ油を熱したフライパンに入れ、表面全体を焼く。
2　1のラム肉を天板にのせ、皮付きのニンニクにオリーブ油をからませてラム肉の周囲に置き、170℃（〜180℃）のオーブンで25分ほど、ゆっくり火を入れる。オーブンから取り出しアルミホイルで包み、温かい場所に置いてやすませる。
3　2を皿に盛り、クレソンを添える。

赤い果実のクラフティ

事前にクランブル生地を作っておけば、簡単にでき上がるデザートです。
果物はリンゴ、洋梨などにレーズンを加えてもおいしいです。

材料（7〜8人分）
ベリー類（好みのもの。冷凍ミックスベリーでもよい）
　適量
クラフティ生地
├ 全卵　1個（60g）
├ グラニュー糖　60g
├ 薄力粉　15g
├ 牛乳　120cc
└ 生クリーム　120cc
クランブル生地（作りやすい量）
├ 強力粉　200g
├ アーモンドパウダー　200g
├ 三温糖　200g
├ 無塩バター　160g
├ 塩　ひとつまみ
└ シナモンパウダー、ナツメグ（好みで）　各少量

1　クランブルを作る。強力粉、アーモンドパウダー、三温糖、塩は合わせてふるう。バターはキューブ状にカットする。生地の材料はすべて冷蔵庫で冷やしておく。

2　ボウルに生地の材料をすべて合わせ、手でそぼろ状になるまですり混ぜて、冷蔵庫で1時間ほどやすませる。

3　天板に2の生地を均一に広げ、170℃のオーブンで7〜8分キツネ色になるまで焼く。

4　クラフティ生地を作る。ボウルに全卵を入れて泡立て器で溶きほぐし、グラニュー糖を加えて溶けるまでよく混ぜる。薄力粉を加え軽くなじませる。

5　鍋に牛乳と生クリームを合わせて沸騰直前まで温め、4に注いで手早くなじませてから漉す。

6　大きめの耐熱皿にベリー類を散らし、5のクラフティ生地をひたひたに流す。180℃のオーブンで20分焼き、全体が薄っすら色づいてきたら3のクランブルを好みの量散らし、更に10〜15分焼く。

*　焼いたクランブルは、乾燥剤とともに密閉容器に入れておけば数日間保存が可能。

パンナコッタ パイナップルソース

まっ白いパンナコッタに、
美しい色のソースを合わせたデザート。
小さなガラスの器に作って並べれば、
きれいです。他のフルーツのソースを
合わせてもいいでしょう。

材料（8〜9人分）
生クリーム　200cc
牛乳　100cc
グラニュー糖　30g
板ゼラチン　4g
バニラ棒（さやを開いておく）　1/4本
パイナップルソース
　├パイナップル（皮をむき、ざく切り）　100g
　├白ワイン　200cc
　├グラニュー糖　30g
　├水　50cc
　└＊すべてを鍋に合わせ、沸騰してから5分ほど
　　煮る。冷やしておく。

1　板ゼラチンは水に浸けてふやかしておく。
2　生クリーム、牛乳、グラニュー糖、バニラ棒を鍋に合わせて火にかけ、沸騰直前で火を止める。1の板ゼラチンの水気を切って加え、混ぜ合わせる。
3　2を漉しながらボウルに移し、ボウルを氷水にあててとろみがつくまで冷やした後、器に流して冷蔵庫で冷やし固める。
4　固まったら、パイナップルソースをかける。

おもてなしのテーブル 着席のおもてなし

クリスマスやお正月など、着席スタイルのテーブル例です。大皿盛りの料理もいくつか用意して、それぞれ取り分けるスタイルにすれば、盛り付けも簡単です。

帆立のスフレ キャビア添え ベルモットソース

ちょっと贅沢で上品な一品。スフレは泡立てや火入れのタイミングが重要です。
ふわふわのスフレに、ベルモットの風味をきかせたクリームソースがよく合います。

材料(作りやすい量)
スフレ
├ ホタテ貝柱(冷蔵庫で冷やしたもの)　250g
├ 生クリーム　200cc
└ 卵白　2個分
ほうれん草のソテー
└ ホウレン草、塩、オリーブ油　各適量
ベルモットソース
├ エシャロット(みじん切り)　少量
├ マッシュルーム(縦3mm厚さにスライスする)
│　　2個分
├ ベルモット(ノイリープラット)、生クリーム、
└ 　レモン果汁、塩、コショウ　各適量
キャビア　適量

1　スフレを作る。ホタテ貝柱と生クリームを合わせてミキサーにかけ、ペースト状にする。
2　卵白は泡立てる。
3　1と2をボウルでさっくり合わせる。デザートスプーンで取り、バットに並べて蒸し器で蒸す(コンベクションオーブンなら85℃で8〜9分)。
4　ホウレン草は洗い、全体に塩を軽くまぶす。オリーブ油を熱したフライパンに入れて強火で水分を飛ばすように炒める。
5　ベルモットソースを作る。鍋にエシャロットとマッシュルーム、浸る程度のベルモットを合わせて煮詰める。生クリームを加えて温め、レモン果汁、塩、コショウで味を調える。
6　3のスフレ、4のホウレン草を器に盛り付けて5のソースをかけ、キャビアを添える。

ブロッコリーとカリフラワーの
チーズクリーム風味

ちょっと目を引く楽しい盛り付けで。
ソースは温かいチーズソースです。
ブルーチーズを合わせてもおいしい。

材料（作りやすい量）
ブロッコリー、カリフラワー　各適量
生クリーム　100cc
グリュイエール・チーズ　20g
白ワイン（あれば。好みで）　少量
塩、白コショウ　各適量
卵黄　1個

1　ブロッコリーとカリフラワーは小房に分け、塩を少量加えた湯でゆでて、水気を切っておく。
2　鍋に生クリームとグリュイエール・チーズを合わせて煮溶かし（白ワインがあれば少量加え）、適度に煮詰めて塩、白コショウをする。
3　ボウルに卵黄と少量の水を入れ、湯煎にかけながら泡立て器でよく泡立てる。
4　3を2の鍋に加えて混ぜ合わせる。
5　皿に4のソースを流し、1のブロッコリーとカリフラワーを盛り付ける。

リ・オ・レ

ちょっとした口直しやデザート代わりに。米と牛乳、砂糖、フルーツの組み合わせが、日本人にとっては新鮮です。フルーツは他のものに替えても、あるいはフルーツなしでもいいでしょう。

材料（作りやすい量）
米　50g
牛乳　500cc
グラニュー糖　50g
バニラ棒（またはバニラエッセンス）　適量
ライム、キウイフルーツ、パイナップル、シロップ（砂糖と水を1:1で合わせて煮溶かし、冷ましたもの）　各適量

1　鍋に米、牛乳、グラニュー糖、バニラ棒（バニラエッセンスを使う場合は、仕上がり直前に加える）を合わせて火にかける。鍋底が焦げないように注意しながらこまめに木ベラで混ぜ、ゆっくり弱火で火を入れる。火から下ろして粗熱をとり、冷蔵庫でよく冷やしておく。
2　皮をむいたライム、キウイフルーツ、パイナップルを小角切りにしてシロップで和える。
3　1を器に盛り、2をのせる。

鶏胸肉のポワレ 玉ねぎのカラメリゼ

p.45でご紹介した、フライパンで焼く鶏肉を使った一皿です。
付け合わせや盛り付けを少し変えるだけで、
まったく違う印象になりますね。豚肉や鴨肉で作ってもけっこうです。

材料（3〜4人分）
鶏胸肉　1枚（280〜300g）
玉ネギ（薄切り）　1個分
ニンニク（薄皮付き）　1粒
サラダ油、無塩バター　各適量
グラニュー糖、塩、コショウ、赤ワイン、
　赤ワインビネガー　各適量
インゲン（ゆでる）　6〜7本

1　フライパンにサラダ油と少量のバターを合わせて熱し、ニンニクと玉ネギを入れて炒める。
2　**1**がキツネ色になってきたらグラニュー糖と塩を加えて更に炒め続け、再びグラニュー糖と塩を加えて炒める。赤ワインと赤ワインビネガーを加え、水気がなくなるまで火を入れる。
3　鶏肉は水分をよくふき取り、塩、コショウをする。サラダ油を熱したフライパンに皮目から入れてこんがり焼き、裏返して軽く焼く。フライパンから取り出して温かいところで少しやすませる。盛り付ける直前に食べやすい幅に切る。
4　サラダ油を熱したフライパンに、ゆでたインゲンを入れて炒め、塩をする。食べやすい長さに切る。
5　皿に**2**の玉ネギ、**3**の鶏肉、**4**のインゲンを盛り付ける。

＊　鶏肉の詳しい焼き方はp.45参照。

牛肉のロースト（ローストビーフ）

シンプルな牛肉ローストも、付け合わせを複数添えると、豪華な雰囲気が出ます。

材料（作りやすい量）
牛ロース肉（塊 ＊）　500g程度
塩、コショウ、サラダ油（または牛脂）　各適量

＊和牛のようなサシの多い肉ならモモ肉でもよい。

1. 牛肉の表面全体に塩をふり、半日ほど冷蔵庫に入れておく。
2. 1の肉を常温に戻して水分を取り、少量のサラダ油（または牛脂）をひいたフライパンに入れ、軽く焼き目がつくようにゆっくりと焼く。
3. 焼き目がついたら低温のオーブンに入れ、ゆっくりと火を入れる。好みの焼きぐあいより少し前に取り出し、アルミホイルで包んで、落ち着くまで保温しながらやすませる。
4. 3を器に盛り、付け合わせとソースを添える。

[付け合わせとソース]

シャンピニオン・デュクセル

材料
マッシュルーム、無塩バター、白ワイン、生クリーム、塩、コショウ、パルミジャーノ・レッジャーノ・チーズ（すりおろし）　各適量

1. 鍋にバターを熱してマッシュルームを丸ごと入れて焼き、火が通ったら軸を切り取る。軸はみじん切りにしておく。
2. 1の軸を鍋に戻して再び熱し、少量の白ワインを注いでアルコールを飛ばす。水分が少なくなってきたら生クリームを加えて少し煮詰め、パルミジャーノ・チーズを好みの量入れて塩、コショウで味を調える。
3. 1のマッシュルームの傘に2を詰め、200℃のオーブンで2分ほど焼く。

ごぼうのカラメリゼと栗

材料
ゴボウ（太め）、栗、無塩バター、グラニュー糖、バルサミコ酢、鶏のブイヨン、塩　各適量

1. ゴボウは皮をこそぎ、火が通るまでゆでる。小口から2cm厚さに切る。
2. フライパンにバターと1のゴボウを入れて炒める。水分が飛んだらグラニュー糖を加えて全体になじませながら更に炒め、ブイヨンを加えてフライパンについた旨みを溶かす。バルサミコ酢をまわしかけて酸味を飛ばし、ツヤが出たら塩で味を調える。
3. 栗は殻と鬼皮をむいてゆでる。バターを溶かしたフライパンに入れ、ソテーする。
4. 2のゴボウの断面に3の栗をのせる。

ほうれん草のソテー

p.55参照。

トマト＋バジルペースト

材料
ミディトマト、オリーブ油、バジルペースト（フレッシュのバジルにミキサーがまわりやすくなるよう少量のオリーブ油を加えてミキサーにかけ、塩をしたもの）
各適量

1. トマトの上部をほんの少し切り落とし、オリーブ油をまわしかけて200℃ほどのオーブンで火が通るまで焼く。
2. 1のトマトの断面にバジルペーストをのせ、火が入るまで軽く焼く。

ミニにんじんのグラッセ

材料
ミニニンジン、無塩バター、グラニュー糖、塩　各適量

鍋にミニニンジンとひたひた程度の水を入れ、バター、グラニュー糖、塩をひとつまみ加えてクッキングペーパーなどで落とし蓋をし、火が入るまで弱火でゆっくり煮る。

ソースポワヴラード（こしょうソース）

デミグラスソース（市販品）に黒粒コショウを加えて温める。

びっくりショコラ

見た目にインパクトがあるチョコレートケーキは、パーティーの主役級。クリスマスにおすすめです。

材料
ココア風味のスポンジ生地（右記参照）
　4号型で焼き、横1.5cm厚さにスライスしたもの3枚
ガナッシュ（右記参照）　適量
洋栗のシロップ煮（右記参照）　適量
ラム酒シロップ（ラム酒1：シロップ2で合わせたもの。
　シロップは水と砂糖を1:1で合わせて煮溶かし、
　冷ましたもの）　適量
金箔（あれば）、ココアパウダー　各適量

1. 1.5cm厚さにスライスしたココア風味のスポンジ生地のうち1枚は、直径10cmのセルクル型で抜く。もう1枚は直径6〜7cmのセルクル型で抜く。
2. 直径12cmの生地にラム酒シロップを刷毛で塗る。粗く砕いた洋栗のシロップ煮を全体に散らし、栗の間を埋めるように、ガナッシュ（カスタードクリームのような固さのもの）を1cmほどの厚さにならして塗りつけ、直径10cmの生地をのせる。再び栗とガナッシュを同様にのせ、最後に直径6〜7cmの生地をのせる。
3. 2を冷蔵庫でやすませておく。
4. その間に残りのガナッシュを再び湯煎にかけ、すくって落としたガナッシュの跡が数秒残る程度の固さにする。冷蔵庫から出した3の全体を覆うように均一にまわしかける。パレットナイフで、下にたまったガナッシュを下から上に持ち上げるようにしてドーム形に成形する。
5. 4を再び冷蔵庫に入れ、表面のガナッシュがパレットナイフで触るとツノが立つくらいまで冷やす。パレットナイフで表面のガナッシュを引っ張り上げるようにし、手早く全体にツノを立てる。
6. ココアパウダーや金箔を散らす。

ココア風味のスポンジ生地

材料（作りやすい量。4号型〈直径12cm〉3台分）
全卵　150g
卵黄　40g
グラニュー糖　125g
薄力粉　65g
ココアパウダー　35g
牛乳　40cc
無塩バター　25g

1. 型にバター（分量外）を塗り、クッキングシートを内側に敷き込む。
2. 全卵と卵黄をボウルに合わせて溶きほぐし、グラニュー糖を加えて混ぜ、湯煎にかけながら泡立て器でよく混ぜる。ヘラですくった生地が、三角形のリボン状に落ちるようにもったりとしてきたら、ふるった薄力粉とココアパウダーを加え、ゴムベラで底から返すように混ぜる。
3. 牛乳とバターを合わせて湯煎で40℃に温めておく。
4. 3に2の生地を少量加えてよく混ぜ合わせ、これを2のボウルに戻してさっくり混ぜる（混ぜすぎないように注意）。
5. 4を1の型に流す。温めておいた175℃のオーブンで20分ほど焼く。
6. 中心を押しても弾力ですぐに戻るように焼き上がったら、型からはずして網の上などで冷ます。

ガナッシュ

チョコレート（カカオ分50〜60％のもの）　適量
生クリーム　チョコレートと同量

チョコレートをボウルに入れて湯煎で溶かし、少し温めた生クリームを加えて混ぜ合わせる。

洋栗のシロップ煮

材料
イタリアのむき栗（市販品）　適量
シロップ（水2：グラニュー糖1で合わせて煮溶かし、
　冷ましたもの）　適量

むき栗を鍋に入れ、栗がかぶるくらいのシロップを注ぎ、栗の芯温が80℃ほどになるまで煮る（煮すぎると栗が崩れやすくなるので注意）。

音羽和紀 おとわ かずのり

1947年栃木県宇都宮市生まれ。大学卒業後、渡欧。日本人として初めてアラン・シャペルに師事したフランス料理をはじめ、ドイツ料理やスイス料理など幅広く料理を学ぶ。1981年、宇都宮市に「オーベルジュ」を開店。現在はフランス料理店の他、レストラン・バー、デリカショップ（洋惣菜、パン）などを経営。2007年7月には自らの集大成の店「Otowa restaurant」を開店した。また、地場の素材を使用した母と子の料理教室や味覚教室の講師、そして県の農政委員や「とちぎ未来大使」として県の食の外交官を務めるなど、地元を中心に精力的に活動。2010年、農林水産省「第1回料理マスターズ」受賞。2013年、フランス料理アカデミー日本支部会員として認定される。2015年、フランス政府より農事功労章を受章。同年地域の食文化発展への貢献により栃木県文化功労者として表彰される。その他フランスから著名な料理人を招いたり、各企業の新規店舗の企画、商品開発の相談に応じるなど幅広く活躍する。

著書に「なんでもオードヴル」「野菜でオードヴル」「なんでもデザート」「サラダ好きのシェフが考えたサラダ好きのための131のサラダ」「French Otowa's Style 地元素材を生かす新フランス料理」「料理を変える つけ合わせバリエーション」「使える豚肉レシピ〈共著〉」（すべて柴田書店刊）、「ぼくは食の外交官」（旭屋出版刊）などがある。

レストラン
オトワ レストラン（宇都宮）
シテ・オーベルジュ（宇都宮）
シエル・エ・ソル（東京・白金台）
※2016年1月オープン予定。

デリカショップ
東武宇都宮百貨店 B1F オーベルジュ

株式会社オトワ・クリエーション
〒320-0826 栃木県宇都宮市西原町3554-7
Tel 028-611-3188
Fax 028-651-2310
ホームページ http://otowa-group.com

シェフに教えてもらった シンプルですてきなおもてなしフレンチ

初版印刷　2015年12月10日
初版発行　2015年12月25日

著者©　音羽和紀（おとわ かずのり）
発行者　土肥大介
発行所　株式会社柴田書店
　　　　〒113-8477
　　　　東京都文京区湯島3-26-9 イヤサカビル
　　　　電話／営業部 03-5816-8282（注文・問合せ）
　　　　　　　書籍編集部 03-5816-8260
　　　　http://www.shibatashoten.co.jp

印刷・製本　図書印刷株式会社

本書収録内容の無断掲載・複写（コピー）・データ配信等の行為は固く禁じます。
乱丁・落丁本はお取替えいたします。

ISBN978-4-388-06225-6
Printed in Japan